跟《西游记》学创业

一本人人都要读的管理秘籍

聂辉华／著

中国人民大学出版社
·北京·

取经团队关系网络图

如来
（董事长）
监督力量
（六丁六甲等）
观音
（CEO）
阻碍力量2：
佛教亲属（金毛犼、
大鹏精等）
阻碍力量1：
天庭亲属（老鼠精、
金角大王等）
唐僧
（项目经理）
阻碍力量3：
无背景的妖精
（白骨精、蜘蛛精等）
孙悟空
（救火队员）
猪八戒
（马屁精）
沙僧
（实干家）
白龙马
（实干家）

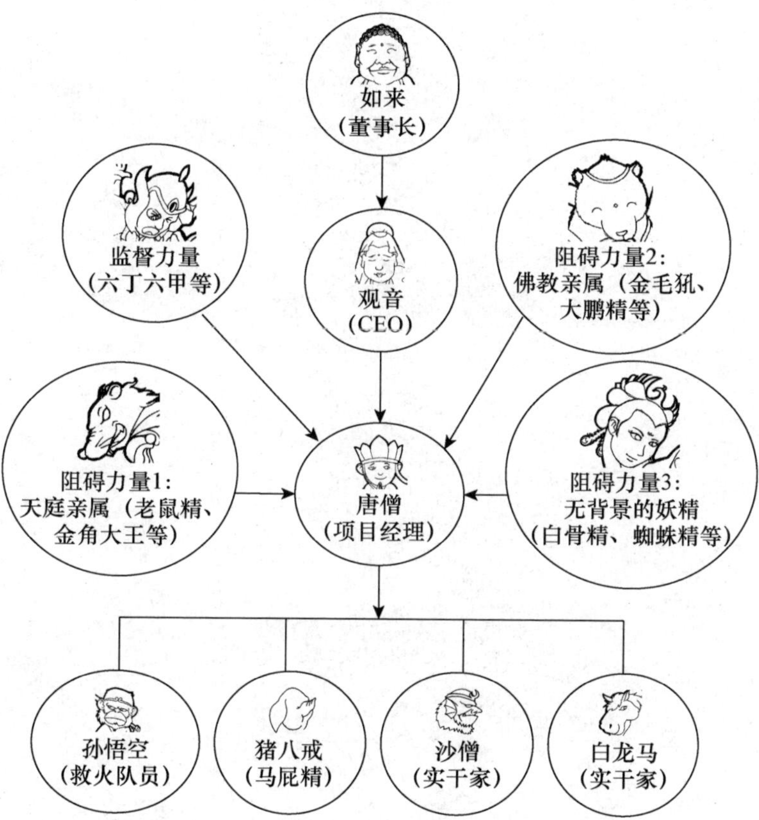

一本想象不到的“怪作”

黄有光

新加坡南洋理工大学经济系温思敏讲座教授

我于2015年5月访问中国人民大学时才认识聂辉华，但之前就读过他的文章，知道他是在很有影响力的《经济学家茶座》发表文章最多的作者，也知道他是靠在国内外高档次学术期刊发表许多文章而很年轻就评上正教授的实干学者。最近读了他的怪作《跟〈西游记〉学创业》的一些章节，认为非常值得推荐。“跟《西游记》学创业”，连黄有光都想象不到的可能性，不怪吗？

作者认为《西游记》不仅是一部伟大的神话小说，也是一部伟大的创业史。它讲述了一个“官二代”（唐僧）带领四个“刑满释放人员”（包括白龙马在内的四个徒弟）历经艰难险阻，最终成功到达西天取经的创业故事。本书不只用管理学理论论述创业，而且巧妙应用国际前沿的经济学理论，以《西游记》的神话故事为例子，风趣地解释了观音如何搭建取经团队，唐僧如何建立领导权威、如何设计激励机制、如何考核员工、如何设计权力结构以及如何实行公司治理等管理难题，从而深入地分析了一个创业团队从起步到步入正轨的过程。在这一论述中，作者强调了人性的弱点和巧妙的制度安排的重要性。你可以不完全同意作者的论述，但很难不承认其逻辑性、新颖性与有趣性！

黄有光，世界著名华人经济学家，1942年出生于马来西亚，曾任澳大利亚Monash大学讲座教授，澳大利亚社会科学院院士，与杨小凯教授共同创立了“新兴古典经济学”框架，现为新加坡南洋理工大学经济系温思敏讲座教授。

导　读

李克强总理提倡“大众创业、万众创新”。在这样的背景下，本书的出版可谓适逢其时！

《西游记》不仅是一部伟大的神话小说，也是一部伟大的创业史。唐僧带领孙悟空、猪八戒、沙僧和白龙马西天取经的故事，其实就是一个“官二代”带领四个“刑满释放人员”成功创业的故事。从东土大唐到西天灵山，步行十万八千里，耗时十四年，没汽车没旅馆，没工资没保险，更没有WiFi，只有妖魔鬼怪，还有比这更艰险的创业吗？从这个角度看，你会发现，《西游记》不仅“有趣”，常常于细微处让读者忍俊不禁，而且“有用”，让读者领悟创业的经验与教训。而我要做的，主要是让《西游记》变得更加“有理”，将高深的经济学理论与当代的管理实践结合起来，让那些想自己创业或者从事管理工作的读者理解，唐僧团队在创业管理过程中使用的每一项管理手段或者管理技巧有什么作用，以及怎样恰当使用。

客观地说，市面上流行的管理类畅销书太多了。这些畅销书有的“有趣”，有的“有用”，但很少“有理”。今天这本书告诉你要“进入蓝海”，明天那本书告诉你要“注意细节”，后天又一本书告诉你要“抓住长尾”，但是，这些书没有一本告诉你，进入蓝海、注意细节、抓住长尾的代价是什么，它们只告诉你这样做的好处。一个科学的理论，应该负责任地告诉读者，一种管理手段或者竞争战略的成本是什么，收益是什么，在什么时候能用，在什么时候不能用。换言之，任何科学的理论都是有边界、有条件的。作为管理者、领导者或者单位的“一把手”，如果不了解一种理论的前提条件，盲目套用流行的管理手段或竞争战略，最终可能是邯郸学步，甚至让企业或组织陷入存亡危机。

相对而言，经济学，尤其是我研究的企业理论或者组织经济学，非常强调理论的适用范围。20 世纪 90 年代，“末位淘汰制”在中国风靡一时，很多企业盲目跟进，结果导致大量优秀员工流失。如果理解企业理论，它会告诉你，这其实就是一种“锦标赛”，而锦标赛能够激发员工积极性的结论有 3 个前提条件，那就是员工起点一样、不考虑绝对绩效水平以及员工之间没有合谋。可惜，没有任何一本管理畅销书会告诉读者这些技术性的道理。因此，我在本书中力争将世界前沿的组织经济学理论，装入《西游记》的创业历程和管理情景，这样才能让《西游记》同时做到“有趣”、“有用”和“有理”。为此，我在本书每一节的背后都归纳了“实用管理法则”，想创业或者从事管理工作的读者可以对照本书的内容，按图索骥，有的放矢，在工作中边摸索边提高管理水平。

我一向赞成和主张学问要“顶天立地”。一方面，理论要顶天，要有创新，要达到世界一流的高度；另一方面，学问要立地，要接地气，要能够解决现实问题。在本书中，我大量吸取了在过去几十年里企业理论的前沿进展，它们大部分都是由哈佛、耶鲁、麻省理工和芝加哥等世界顶级名校的著名教授，发表在诸如《美国经济学评论》（AER）、《经济学季刊》（QJE）和《管理科学季刊》（ASQ）等世界顶级的学术期刊上。然后，我将这些高深的经济学理论转化为形象的例子，以普通读者能够接受的语言，并结合《西游记》的神话故事和现代管理场景进行阐释。其实，复杂的经济学理论也很有趣，关键是看讲故事的人是不是具有化繁为简、化难为易的本事。我向读者保证，读懂本书的大部分章节并理解其中的管理技巧，并不需要专门的经济学或管理学知识。唯一需要的，是你对创业和管理的浓厚兴趣！

本书分 6 个部分，共 22 回，按照一个创业团队从公司起步到走上正轨的自然过程，覆盖创业管理的所有重大环节。因此，本书整体连贯，自成体系。但是，每个章节又相对独立。读者阅读本书时，可以一气呵成，也可以挑选感兴趣的章节，还可以在无聊时随意翻阅，总能开卷有益。

什么人应该看这本书？

要创业的有志青年当然要看这本书，从中不仅可以吸取《西游记》所蕴含的中国传统智慧的精华，而且可以了解现代企业创业管理的核心问题及其解决方案。

单位的“一把手”要看这本书，因为任何组织——不管是企业、政府还是非营利机构——都离不开管理，离不开建设团队、树立权威、搞对激励、考核员工、分配权力以及公司治理等核心问题。更何况，站在单位最高领导的角度，有些问题更容易豁然开朗……你懂的！

单位的中层干部应该看这本书，这样你才能理解上面领导和下面员工的真实想法，才能在管理过程中做到“为领导分忧，为员工解难”。

刚工作的职场菜鸟也应该看这本书，因为只有站在整个组织的角度，你才能更好地理解组织的各项管理制度和发展战略，从而为自己找准定位，为工作找到方向，万一将来干得不爽了，你还可以自己去创业！

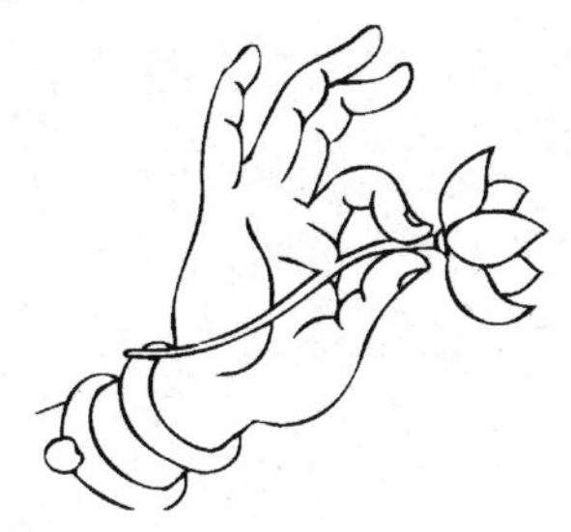

目　录

第一部分：建团队

第四部分：定考核

第五部分：分权力

第六部分：善治理

第一部分：建团队

著名企业家、联想集团创始人柳传志曾说：创业成功的三要素是“搭班子、定战略、带队伍”。因此，创业要成功，首要因素是建设一个好的管理团队，让创业团队的核心成员能够优势互补、强强联合。连阿里巴巴集团创始人马云都承认，唐僧团队是最好的团队。那么，唐僧团队究竟好在哪里？第1回将开门见山地解释，取经团队的CEO观音菩萨为什么要安排唐僧、孙悟空、猪八戒、沙僧和白龙马这样一个奇怪的组合。尤其是，像猪八戒这样一个溜须拍马的人，创业团队也需要吗？作为领导，如何安置猪八戒这样的马屁精？第2回将回答这个问题。班子搭好之后，如何确定团队成员之间的分工？第3回将以取经团队屡次中了妖精的调虎离山之计为例，分析团队成员合理分工的经验教训。都说“共患难易，同享福难”。为什么呢？第4回将以孙悟空大闹天宫为例，说明对于玉皇大帝这样一个最高领导人而言，为什么和团队成员分享权力那么困难。

第1回

绝妙组合的取经团队

1.1 一个官二代和四个刑满释放人员的创业团队

西天取经绝对是一个伟大的创业壮举，唐僧团队就是一个创业企业。派唐僧去西天取经，对唐太宗而言“这是一个艰难的决定”，但对唐僧而言这是一个要命的决定。从东土大唐到西天灵山，有十万八千里，不仅路途遥远，而且尽是妖魔鬼怪。最终，唐僧团队耗费了十四年才从如来佛祖那里取得大乘佛法真经。要是在今天，步行十万八千里，耗时十四年，没汽车没旅馆，没工资没保险，更没有“歪 fai”（WiFi），只有妖魔鬼怪，谁会干这事?! 在取经团队中，唐僧心软体弱，孙悟空刁顽暴戾，猪八戒好吃懒做，沙和尚忠厚老实，白龙马基本上只是脚力。中国有句古话，叫“行百里者半九十”。西天取经，其实就是一个“官二代”，带着四个“刑满释放人员”，组成了一个独特的“创业团队”。在这个独特的创业团队中，为什么大家一开始愿意从事这一艰苦卓绝的职业？如果有人偷懒怎么办？如果有人中途退出又怎么办？在经济学或博弈论中，在上级和下级之间存在信息不对称时发生的这类难以监督的行为，被称为“道德风险”（moral hazard）问题。在吴承恩的《西游记》中，即便是神仙也经常有凡心，也会开小差，也有人性的弱点，因此要完成西天取经这一艰巨的任务，光靠个人意志或道德肯定是不够的。一定得有制度上的安排来约束人性的弱点，奖勤罚懒，相互制约，保证西天取经这一目标最终能够成功。在现实生活中，当上级给下级安排了一项艰难的任务时，意味着上下级之间达成了一种契约关系，那么就必须有巧妙设计的制度或机制来解决契约履行中的道德风险问题。因此，我们首先来聊聊西天取经的履约机制。

我们首先一一考察取经团队中的角色，然后讨论不同角色之间的关系。先说唐僧吧，应该说他是取经团队中意志最坚定的成员，也是团队的领导。先看唐僧的背景。唐僧本名陈玄奘，在《西游记》中是金蝉子转世，又在金山寺长大，自幼研习佛法，对佛教忠贞不二，总之“生就是佛教的人，死是佛教的

神”，这是他的个人禀赋。接着看他的出身。外公殷开山是当朝丞相，正一品官职（正国级干部），相当于今天的国务院总理。父亲陈光蕊是科举状元，当时就官拜江州州主（从五品），复活后升至文渊殿大学士（从四品），在今天就是厅级干部了。总而言之，外公和父亲都是高干，唐僧是标准的“官二代”，出身绝对是根正苗红。再看他的地位。在唐太宗的水陆法会上，唐僧是主持人。唐太宗将从观音那里获得的两件礼物——价值五千两银子的锦襕袈裟、两千两银子的九环锡杖赐予唐僧，让唐僧在长安城里风光无限。这还不算，最给面子的是，当唐僧自告奋勇要求前往西天取经时，唐太宗居然与他结拜兄弟，也因此唐僧有了“御弟”的名号。拜兄弟就等于纳了“投名状”，唐僧就得竭尽全力去完成皇兄托付的任务。用博弈论的术语来说，唐太宗此举等于让唐僧作出了一个“可置信的承诺”。如果取经不成，太宗很生气，后果很严重。有多严重？唐僧自己说了：“我这一去，定要捐躯努力，直至西天；如不到西天，不得真经，即死也不敢回国，永堕沉沦地狱。”① 这唐僧直接就发下了毒誓！归纳一下，唐僧出身高贵，地位尊崇，说话自然要算数，这是“声誉”的力量；他与太宗结为兄弟，又当众立下毒誓，这是作出了可置信的承诺。因此，即便前途险恶，性命攸关，唐僧也唯有万死不辞，否则以他的身份和地位，有何颜面失败而归？

那也许有人问，万一唐僧取经失败、滞留国外呢？现代社会的“裸官”可不少，但那时候应该还没有，唐僧的父亲和外公可都在朝廷为官呢。当然，尽管唐僧意志坚决，但人性也有柔软的时候。看过 1986 年央视版《西游记》电视剧的人可能还记得，当唐僧师徒经过女儿国时，女儿国国王执意挽留唐僧留下来与她成亲，共治江山。在女王的柔情蜜意下，唐僧似乎已经动情了，却被赶来的蝎子精搞坏了情调。原著写到这一段时，说唐僧“战兢兢立站不住，似醉如痴”（第 406 页）！没有蝎子精搞鬼，说不定唐僧真的愿意留在女儿国享受荣华富贵呢。可见，即便像唐僧这样意志无比坚定的人，也不能保证在外部环

① 引自吴承恩：《西游记》，古众校点，89 页，济南，齐鲁书社，2007。下文援引原文时，只注明页码。

境的冲击下矢志不渝。这就是人性的弱点。我们不妨猜想一下，万一唐僧留在女儿国当国王了，后果究竟有多严重？首先，按照他的毒誓（神话中的毒誓应该都能应验），他会堕入地狱。在讲究因果报应的佛教徒看来，没有比这更可怕的后果了。其次，他要是不回国，他的老外公和父亲肯定会受到株连。对皇帝说话不算数，这种欺君之罪在古代是可以满门抄斩的！此外，取经项目的CEO观音菩萨和大老板如来佛祖绝不是“吃素的”，设计了其他机制监督着唐僧呢。① 反过来，如果他坚持取经，即便失败，最坏的后果无非是牺牲了个人性命，但至少可以名垂青史，说不定如来还可以让他第二次转世为徒呢。因此，对于唐僧而言，面对他和唐太宗的约定，由于爽约的成本远高于履约的成本，他肯定会坚持履约。这告诉我们，在博弈论中，要看对手说话是不是算数，他的承诺是不是可信，关键不是他的态度、他的语言、他的人品，而是他说话不算数的成本是不是比收益更高。人性不足信，制度更可靠，因此要借助制度安排来改变对方的成本和收益，才能让对方乖乖说话算数！

取经团队的第二号人物当然是孙悟空了。和唐僧相比，孙悟空取经的意志虽然不如他那样磐石不移，但也足够坚定，原因是孙悟空取经的机会成本很低，但收益却很高。孙悟空因为大闹天宫，被如来制服，在五行山下压了五百年。这次惨败让孙悟空彻底破产，不仅声名扫地（以后碰到妖怪时还因此常被嘲笑），而且大本营花果山也被人侵占，猴子猴孙都受牵连。跟花果山的逍遥日子比，五行山简直就是地狱。孙悟空每天被压在山下，风吹日晒，饥渴时只能靠土地神给他喂铜汁铁丸。这日子哪里是人过的！因此，当观音菩萨经过五行山，劝说孙悟空加入佛门，做唐僧的徒弟，保护他去西天取经，事成之后“可得正果”时，孙悟空没有任何理由不答应。想想看，一个一无所有的服刑人员，有什么资格谈条件？更重要的是，去西天取经的任务一旦完成，孙悟空不仅可以恢复名声，而且有望成仙成佛，在体制内得到一个“编制”，彻底摆脱“妖”的民间身份。这也印证了一个道理：一无所有的无产者是最容易参加

---

① 要知道其他监督机制，请看本书第 9 回《用人不疑，疑人不用?》。

革命的。孙悟空的取经意志不必怀疑，而且他武艺高强，这都是他的优点。但孙悟空的缺点也很明显，他喜欢自作主张，而且经常不尊重领导。唐僧是他的上级，但唐僧经常被妖精迷惑。如果有着一双火眼金睛的孙悟空看不起唐僧，或者与唐僧顶撞了，要退出他与观音约定的契约，那该怎么办？这样的事情在《西游记》中多次发生过。经过女儿国之后，在杨家庄，孙悟空打死了几个草寇，导致他和唐僧之间发生了最激烈的冲突，以至于唐僧和孙悟空分道扬镳。显然，这样的冲突，光靠取经团队自身是难以解决的，需要借助外部关系或者更高层次的制度安排。

接着说猪八戒。在取经团队中，猪八戒是意志最薄弱的人，原因是他取经的机会成本最高。猪八戒本是天河里的天蓬元帅，算是高级将领，只因调戏嫦娥，被玉皇大帝打了两千锤，然后贬下凡尘，还错投了猪胎。按说一个“刑满释放人员”，又长相丑陋，不应该有什么既得利益。但猪八戒不同，他曾两度做了人家的上门女婿，小日子过得滋润快活。第一次做“倒插门”女婿，跟了一个卵二姐。卵二姐一死，猪八戒合法地继承了老婆的遗产，占了人家的云栈洞，每日以吃人为乐。观音在去往东土的路上，劝他归入佛门，他也答应了，按说应该好好做人，从头开始，但他基本不当回事，又跑到高老庄做了第二次“倒插门”女婿，继续过他的快活日子。像猪八戒这种人，本来就有家有业，日子逍遥快活，如何肯真心前往西天取经呢？因为对他来说，就算取经失败，他还是可以回到高老庄继续做他的“倒插门”女婿。他甚至在临走时，还叮嘱老丈人：“你好生看待我浑家，只怕我们取不成经时，好来还俗，照旧与你做女婿快活”（第 141 页）。反正猪八戒心里早算计好了：取经成，他得正果；取经不成，他继续过原来的日子。毫不奇怪，每次取经团队遇到一点小小的挫折，猪八戒总是第一个提出“散伙”。如果团队中有这样一个极端的机会主义者，要让他死心塌地地去完成团队目标肯定是很困难的。但也不是没有办法。对于机会主义者，关键是消灭他的机会，从而让他取经的机会成本降低。办法之一就是断了他的退路。孙悟空显然懂这个道理，因此他要求猪八戒临走时烧了他的云栈洞，而猪八戒也照做了。但孙悟空却没法拆散人家的事实婚姻，更不能没收高太公的合法财产（这些财产的唯一合法继承人还是猪八戒!），因此这招根本不够用。吊诡的是，孙悟空自己却不愿烧了他的水帘洞，可见他也有点机会主义。显然，要制约猪八戒这样的机会主义者，光靠某个人是不行的，也必须有合适的制度安排。

然后说沙和尚。沙僧原是玉皇大帝身边的卷帘大将，官名蛮唬人，其实就是一个御前带刀侍卫。因为在蟠桃会上不小心打碎了琉璃盏，他被玉帝打了八百下，然后贬到流沙河。这还不够，玉帝竟然派人用飞剑刺穿沙僧胸肋，七天一次，每次一百下。同样是“刑满释放人员”，但沙僧却没有猪八戒那样的运气。沙僧就像被绑在高加索山脉上的普罗米修斯，受着这样的苦罪，如果有一个解脱的机会，我想换谁都会答应的。因此，当观音要沙僧入佛门上西天时，他毫不犹豫地答应了，更别提还有“功成免罪，复你本职”的奖励了（这话其实没兑现!）。总之，在西天取经这件事上，沙僧的品性没有问题，意志也没有问题，唯一有问题的是武功不够高强，头脑比较简单。要完成一件艰难的任务，光有人品是不够的，能力有时也会成为短板，因此也需要特定的制度安排来弥补这个缺陷。

最后说一下白龙马。白龙马虽然基本上以“马”的形式出现，但他也算是取经团队的正式成员，而且家庭成分可比孙悟空他们几个草根高贵多了。他本是西海龙王敖闰之子，算是贵族了，只因纵火烧了殿上明珠，被其父亲告到玉帝那里，打了三百下就算了，竟然还要问斩！真不知道天朝的法律是如何规定的，烧明珠的白龙要问斩，打碎灯的沙僧要被剑刺，但调戏良家妇女的猪八戒却只是贬职！看来玉帝老儿也是赏罚不公啊。[①] 一个“死刑犯”，被观音刑场救下，当然愿意不惜一切代价报答观音的救命之恩了。总之，白龙马的取经态度那是最没有问题的，因为他的机会成本最低，或者反过来说机会收益最高。看来，有时“恶人”有恶人的用处，用得好甚至比“好人”更有用。看到这里，我想读者可能开始明白了，为什么佛界最高领导人如来佛祖要让取经项目

① 执法不公害死人啊。选择性执法能维护领导权威吗？请看本书第 6 回。

的CEO观音去收服这些个“刑满释放人员”来充当创业团队的核心成员了。

 1.2　制度安排如何弥补人性弱点?

前面的分析说明，单看个人，几乎没有谁能保证完成取经任务，因为人人都有弱点。此时，巧妙的制度安排就是不可或缺的。事实上，西天取经团队以及相关的人事安排，完全是一个精巧的机制设计（mechanism design）。

我们首先从最薄弱的环节分析。猪八戒是取经团队中最不靠谱的一个，贪恋红尘，好吃懒做，经常开小差。唐僧虽然是领导，他其实是管不住猪八戒的，因为猪八戒没戴紧箍咒，并不怕唐僧。但猪八戒有怕的人，那就是孙悟空。孙悟空武功比他强，点子也比他多，脾气还不好，猪八戒一不听话孙悟空就会揍他。高老庄一战，猪八戒成了孙悟空的手下败将。在《西游记》中，每次猪八戒开小差，不是被孙悟空揪耳朵，就是被孙悟空捉弄。因此，有孙悟空在，猪八戒就不是问题，他至少还是一个帮手，一路上打打杀杀也可以帮点不大不小的忙。

最棘手的环节当然是孙悟空。他武功高强，偏又脾气暴躁，且目无领导，这样的团队成员是最难领导的。但孙悟空有他的致命弱点，就是受骗戴上了如来的紧箍咒，好比中了毒的人。很遗憾的是，控制毒性发作的人恰恰是他的顶头上司唐僧。因此，如果孙悟空想开溜，或者不听话，唐僧有办法摆平他。但如果唐僧受不了他，他也受不了唐僧了，这法子就没用了。此时，观音就以更高层领导的身份加以干预。在“真假美猴王”事件之后，观音明确告诫唐僧，这一路上必须有孙悟空的保护才能取得真经，否则功亏一篑，切不可赶走孙悟空。表面上看，在杨家庄经历了那次最激烈的师徒冲突之后，观音作为更高层的领导，既没有责罚孙悟空，也没有批评唐僧，但实际上却默认了孙悟空的角色是不可替代的。在这个取经故事中，取经项目的背后“一把手”如来先和CEO观音签约，CEO观音再和项目经理唐僧签约，项目经理唐僧又和几个下属签约。换句话说，如来是观音的上级，观音是唐僧的上级，唐僧是孙悟空等人的上级。下级服从上级，地方服从中央。唐僧就算不喜欢孙悟空，但要完成任务还真不能少了他，更何况他的顶头上司观音发话了，他必须服从。

至于唐僧，虽然是领导，但也不能保证意志和品性永远可靠，因为人都有弱点。而且，领导有时也有领导的难处。像唐僧那么帅气，出身又那么高贵，这样的“高富帅”很容易成为婚姻市场上的抢手货。有时候，唐僧可能有点心猿意马，此时下属就会提醒一下。例如，在女儿国那回，当女王在城外想挽留唐僧时，猪八戒大耍本相，吓退了众人；沙僧趁机将唐僧抢出人群，扶其上马；而孙悟空则准备施定身法稳住女儿国大众。如果猪八戒也是一个帅哥，估计就和唐僧一起留下了，但他偏偏不是。可见，在一个团队中，如果成员之间存在利益差异，有时也是好事，至少不容易合谋起来对付上级。

一个团队中，搞定了最薄弱的环节和最棘手的环节，剩下的问题就好办了，就是让团队成员优势互补、取长补短。沙僧和白龙马意志坚决，人品可靠，但能力不足。但没关系，因为孙悟空和猪八戒能力不错。面对能力强、品行差的团队成员，用奇招制服他；面对能力弱、品行好的成员，让能力强的成员照应他。这样的创业团队简直就是“梦幻组合”，还有什么任务完不成呢？不得不说，设计这个创业团队的观音菩萨真是高人。领导就是领导，不服不行啊！

本节实用管理法则

法则 1：在能力相同的情况下，优先使用机会成本低的下属去完成任务。例如，起用寒门子弟、落魄人士，他们比那些处于优越环境的人更有动力去完成任务。

法则 2：如果可行，应该尽量断绝下属的退路，降低其完成任务的机会成

本，减少其道德风险行为。例如，项羽“破釜沉舟”就是一个成功的范例。

法则 3：对于有一定地位的下属或同僚，可以让其作出公开承诺，这提高了他违约的机会成本。例如，举行“誓师大会”，或者结拜兄弟，纳“投名状”。

法则 4：人性不足信，制度更可靠。要借助制度安排来影响对方的成本和收益，从而让其不得不说话算数。

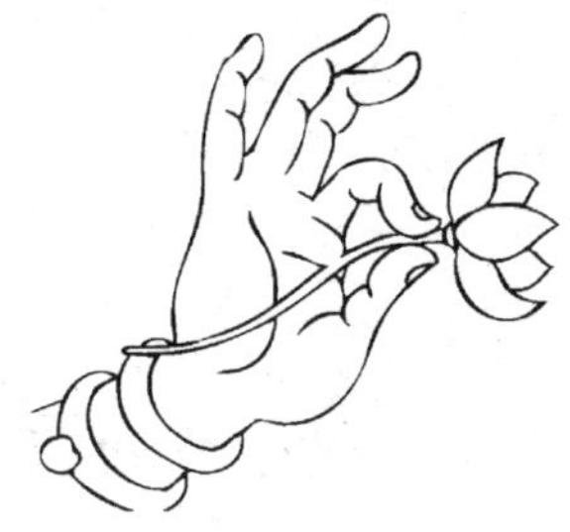

第2回

团队需要猪八戒这样的马屁精吗？

2.1 龙分九种，人分三类

每一个创业团队中，都至少有三类人：拍马屁的，干实事的，堵漏洞的。不管是政府机关、公司企业，还是学校医院，概莫能外。第一类人是“马屁精”（英文叫 Yes Man），专走上层路线，成天围着领导转，专说领导喜欢听的话，给领导敲锣打鼓唱赞歌；第二类人是“实干家”，埋头干活，低调做事，试图以技术和业绩服人，算是走群众路线；第三类人是“救火队”，领导有不干净的事，单位有麻烦的事，都交给这类人去处理，最后这类人还可能成为替罪羊。这样分类当然有点极端，但每个员工都可以看做是三类人的线性组合，不过有的人第一类成分更多，有的人第二类成分更多。当然，也有极少数天才型员工，既不屑于溜须拍马，又不愿低调做事，更不甘做替罪羊，最后只好去创业，比如苹果公司的乔布斯（Steve Jobs）。虽然大多数人都讨厌马屁精，但很少人愿意做默默无闻的实干家，更不愿意做倒霉的救火队。这个矛盾的观念本身就说明，在竞争激烈的职场上，马屁精其实是有市场的。从人性的角度讲，大家为什么讨厌马屁精？因为马屁精总拍别人的马屁，而不拍自己的马屁！

在前往西天取经的创业团队中，唐僧的三个徒弟（不含白龙马）差不多就是这三类人。孙悟空当然干实事，但一旦唐僧遇到麻烦了，哪怕他多次负气出走，最后还是承担了救火队的角色。猪八戒是标准的马屁精，几乎从不干实事，更不堵漏洞。沙僧本领不济，堵不了漏洞，只能做实干家。猪八戒的角色在《西游记》中是非常鲜明的，他基本上就是一个溜须拍马、好吃懒做、挑拨离间的人。例如，在“三打白骨精”那回，白骨精先是变成一个妇女来引诱唐僧。孙悟空凭借火眼金睛认出了妖精的本来面目，对妖精痛下杀手。唐僧当然不信，猪八戒干什么呢？他一边顺着唐僧的心思说这就是个农妇，一边说孙悟空使障眼法欺骗唐僧。简单一句话，既拍了唐僧的马屁（印证了领导英明），又挑拨了唐僧和孙悟空的关系，可谓“一箭双雕”。猪八戒不仅拍唐僧马屁，

而且拍孙悟空的马屁。正所谓“千穿万穿，马屁不穿”，估计孙悟空想恨他都恨不起来。

我不是道学家，因此不想对任何人进行道德鞭挞，我们也没有道德优势去批判他人。我们要面对的现实问题是，既然一个团队中总存在猪八戒这样的马屁精，从团队领导或者团队总体利益的角度出发，应该如何管理猪八戒这样的员工呢?

我讨厌“厚黑学”，因此绝对不会从阴谋或阳谋的角度来讨论如何利用猪八戒这类人来加强领导对团队的控制。经济学家讨论问题的出发点始终是社会福利最大化，在这里就是团队总体利益最大化。实际上，现代经济学的分支激励理论表明，像猪八戒这样的马屁精，在一定程度上能够提高员工的努力水平，但同时会带来一些低效率。马屁精会影响到团队的激励机制，也会影响到团队的组织结构，还会影响到团队的创新能力（Prendergast，1993）。

2.2　马屁精是怎么产生的?

在一个创业团队或者组织（包括企业、机关、非营利机构）里，如果领导（上司）和员工（下属）之间是信息对称的，那么这个团队只需要实干家，而且只有实干家能够生存。在对称信息下，员工一不能撒谎，二不能偷懒，当然只有实干了。从理论上讲，如果信息是对称的，就没有所谓的逆向选择和道德风险问题，就不需要设计激励机制（incentive mechanism）。但事实上，所有的组织都存在信息不对称问题，无非程度多寡而已。比如，老板在办公室为拉客户而烦恼，员工说不定在上网逛淘宝。如果领导既不知道员工是否撒谎，也不知道员工是否偷懒，从最大化团队总体利益的角度出发，应该如何设计激励机制呢?

标准的企业理论告诉我们，在信息不对称的条件下应该实行客观绩效评价（objective performance evaluation），即根据员工的产出绩效来支付其报酬。通俗地说，就是“多劳多得，少劳少得，不劳不得”，这样说大话和想偷懒的员工就待不下去了。但客观绩效考核有三个弊端：第一，一些指标无法量化。例如，下级对上级的忠诚度，这纯粹是一个主观评价的问题。第二，一些指标存在干扰。假如一个员工在夏季的空调销量多，在秋季的空调销量少，你能说这个员工在夏天比在秋天更努力工作吗？因为销量会受天气影响，所以这个员工在夏季可能更加偷懒。可见，有时“眼见未必为实”！第三，一些指标存在滞后性。比如，一个员工销售新产品，另一个员工销售成熟产品。销售新产品的员工要花费很多时间做宣传，跟踪客户评价，可能这些努力要在长期中才能体现在销量上。而销售成熟产品的员工很快就可以出业绩。如果在短期内将业绩与奖励挂钩，那么就没有人愿意销售新产品了。

当客观绩效评价不适用时，一些组织的领导就只能使用主观绩效评价（subjective performance evaluation）。例如，领导让员工去挑选一个投资项目。首先，员工经过调查研究，掌握了一些关于项目的真实信息。同时，领导自己也会评价备选项目。如果员工的判断与领导的判断一致，领导当然会认为员工能力不错；如果员工的判断与领导的判断大相径庭，那么领导就会认为员工能力很差。在这种情况下，员工会怎么办呢？既然领导与自己的观念差异决定了对自己的能力判断和职业前途，员工肯定会“揣摩上意”，说领导想说的话，做领导让做的事。一句话，“领导的标准就是自己的标准，领导的看法就是自己的看法”。于是，在主观绩效评价下，马屁精应声而出了！有些单位虽然没有明确实行主观绩效评价，但是存在明显的“一把手”专断。总之，只要存在“一把手”现象，就会存在马屁精。

且慢对马屁精进行道德指摘，在主观绩效评价下，都是制度惹的祸。在现实生活中，作为员工，为了获得领导的肯定，甚至为了生存，除了迎合领导的口味还有别的选择吗？作为领导，当客观绩效评价不起作用时，有时只能使用主观绩效评价。[①] 而使用主观绩效评价必然会产生一批马屁精，这就是制度的

① 本书第13回更详细地比较了主观和客观两种评价机制，参考《唐僧的困惑3：什么时候用主观评价?》。

代价。因此，从理论上讲，存在一个“马屁精均衡”：当主观绩效评价在边际上带来的成本和收益相等时，一个组织必然存在一定比例的马屁精！

2.3　如何管理马屁精？

在一个创业团队中，马屁精的存在当然不是绝对的坏事，关键看领导如何管理马屁精。假设为了掌握一个项目的市场前景，员工必须花费时间了解信息，再假设员工并不完全清楚领导的偏好，而领导也不了解员工的真实水平。在主观绩效评价下，为了迎合领导的偏好，员工必须努力去收集项目的信息以便支持领导的判断，也就是说，员工至少愿意努力去干事。必须承认，有时领导的判断是对的，而员工提供了支持领导判断的信息，这对提高团队的总体利益是有帮助的，这是马屁精在组织中的正面作用。但马屁精也有负面作用。因为员工一味迎合领导，完全没有自己的独立判断，所以即便领导的判断是错的，员工也不会纠正。换句话说，在主观绩效评价下，员工有动力去撒谎，没有动力提供客观真实的情报。好大喜功、政绩工程有时就是这么出现的。总之，马屁精的存在一方面会引导员工更努力，另一方面会诱使员工说假话，这就是一个两难冲突（tradeoff）。

现在的问题是，作为一个创业团队的领导人，什么时候应该使用马屁精呢？使用马屁精的度应该如何把握呢？记住，经济学的核心原则永远都是“两害相权取其轻，两利相权取其重”。如果对于组织来说，引导员工努力比引导员工说真话更重要，那么就应该多用主观绩效评价，要允许马屁精发挥作用；反之，如果组织更需要获取真实信息，那么就应该少用主观绩效评价，马屁精自然也就少了。而组织的需要往往与组织所处的发展阶段有关，因此应根据组织的发展阶段来确定对马屁精的使用程度。

最近有一本流行的官场小说《二号首长》。江南省委书记赵德良从中央空降到江南省，孤身一人，因此初期以隐忍为主，对很多事情引而不发，属于创业阶段。这一阶段赵德良尤其需要掌握全盘信息，因而让秘书利用各种渠道打听消息，同时自己也频繁找下属密谈。在创业阶段，马屁精几乎没有，有也没机会，因为他在前两年几乎没有动过人事任命。两年后，赵德良通过掌握的情报，巧妙地发动了几次反腐败行动，抓住了竞争对手的软肋，巩固了自己的权力。此时，赵德良在江南省的事业进入了稳定阶段，对真实情况比较了解，更亟须下属帮他出力去巩固政绩。于是，他暗中鼓励下属对他大唱赞歌，将他的一些理念总结成“三正四以七个江南”在全省大力推广，并坦然地接受各种肉麻的吹捧，包括来自竞争对手的马屁。他还鼓动下属将“三正四以七个江南”细化成多项指标，对地方官员的执行程度进行考核，这已经是完全的主观绩效评价了。毕竟，所谓“三正”（正派、正心、正德）怎么可能量化呢？此时的省委书记赵德良，似乎从一个兼听则明的人变成了一个偏听偏信的人，连书中的主人公、他的秘书唐小舟都觉得难以理解。其实，根据我们前面的分析，赵德良的行为并不难理解。对他来说，在稳定阶段，获取真实信息已经相对不重要了，更重要的是利用下属的赞美巩固自己的权力宝座。所谓“此一时，彼一时”是也！如果下属能够多从领导的角度思考问题，其实没有那么多困惑。

如果一个组织处于创业阶段，并不需要多少马屁精，那么领导人应该如何遏制马屁精的出现呢？解决问题要从制度入手，我称之为“从制度中来，到制度中去”。马屁精的产生土壤是主观绩效评价制度。因此，如果一个组织想减少马屁精，只需要改革考核方式即可。但这是否意味着要从主观绩效评价走到另一个极端客观绩效评价呢？不是，还有一条中间道路，就是不评价！不评价业绩怎么行？怎么不行，实行固定工资制！如果一个员工的努力水平与工资无关，那么他的确可能不够努力，但是他也失去了说谎话的动力。当员工不必再曲意逢迎上司的偏好时，领导至少能听到各种多元化的信息，包括真的和假的，准确的和不准确的，然后自己作出判断。这个结论与经典的激励理论相反，但却符合实际情况。例如，中国宋代有“谏官不得因言获罪”的制度，其实就是将谏官的考评与其业绩脱钩。有了这个制度，谏官就可以畅所欲言，皇帝才能从善如流。试想一下，如果唐太宗因为魏征提供了自己不喜欢的建议就

杀掉魏征，魏征又怎么能指出唐太宗的过失呢？唐太宗又怎么可能成为彪炳千秋的一代明君呢？因此，好的制度不仅成就忠诚的员工，更成就伟大的领导！

马屁精的存在会影响一个企业的组织设计。在一个马屁精很多的组织里，分权是没有意义的，因为下属“不唯实，只唯上”，你让他做主，他也做不了主。相反，为了减少代理成本，应该在马屁精较多的组织里实行集权管理。有时候，多几个马屁精反而比只有一个马屁精更好，因为马屁精之间也会有竞争，竞争就可能导致信息更加完备和准确。然后，集权的上司再综合各种信息作出决策，这比分权更有效率。切记：集权、独裁并不总是坏事！

马屁精的存在还会影响组织的创新能力。试想，一堆整天“揣摩上意”的下属怎么可能有创新的想法呢？跟马屁精谈创新，好比和盲人谈天象，根本不着调嘛！对于一个处于激烈竞争中的创业型企业而言，不创新就灭亡。因此，处于创业阶段的企业，为了鼓励下属创新，一定要将这些马屁精隔离，不让他们交流。例如，乔布斯在苹果公司时，曾经让两个小组同时独立地研发一个项目，让他们之间进行研发竞赛。为什么微信能搞好，飞信却搞不好？因为腾讯公司把微信团队和 QQ 团队隔离开来，让两个团队在一个企业内部搞研发竞赛，而中国移动却舍不得丢掉传统业务，天天躺在功劳簿上睡大觉，估计在一片马屁声中绝尘而去，离客户的需求越来越远！

本节实用管理法则

法则 1：每一个团队都有三类人：拍马屁的，干实事的，堵漏洞的。管理者要将团队成员分类，进而“因人管理”。

法则 2：当组织处于创业阶段或者管理者处于“混沌”状态时，重点是如何获取真实信息。此时，必须遏制下属拍马屁的行为，因此要尽量减少主观绩效指标，多用客观绩效指标，哪怕客观指标并不完美。

法则 3：当组织中的马屁精较多时，应该尽可能集权，同时管理者要兼听广纳。

法则 4：在创新型团队中，要严格遏制马屁精的出现，鼓励不同想法的出现。

第 3 回

妖精的调虎离山计为何总是得逞?

3.1 要扬长避短，而不是扬长补短

在一个创业团队中，团队领导是核心人物，应该是重点保护对象。但是在《西游记》中，唐僧这个取经团队的领导多次被妖精掠去，险些丧命。原因几乎是类似的，总是妖精调虎离山，支开孙悟空等人，然后杀个回马枪，把唐僧抓走。有点搞笑的是，这招居然屡试不爽，好像孙悟空等人从来不长记性！

例如，《西游记》第二十回，猪八戒刚刚在高老庄皈依唐僧门下，取经团队就遭遇一难。在黄风岭，唐僧、孙悟空和猪八戒在路上遇到一股妖风，撞上了正在巡山的黄风大王前路先锋（老虎精）。八戒立功心切，追打妖怪；悟空也不示弱，搁下唐僧，前往相助。结果就留下可怜的唐僧在原地等候，只能战战兢兢地念《多心经》。妖精使了一个“金蝉脱壳”之计，伪装了一个化身在前方等候悟空和八戒追赶，真身却跑回来将唐僧抓进了黄风洞。讽刺的是，成功实施“调虎离山”策略的只是一只老虎精！其实妖怪的本领并不高强，后来在打斗时被八戒一钯筑死，但毕竟曾经骗过了武功高强的悟空和八戒。又如第八十一回，在陷空山无底洞，取经团队遭遇老鼠精。本来孙悟空与老鼠精对打，沙僧和八戒保护唐僧。沙僧似乎过意不去，劝说八戒一起帮忙打妖怪。妖怪败走，一看孤零零地留下个唐僧，顺手牵羊就掳走了唐僧。

读者可能感到奇怪，为什么妖精的调虎离山之计屡试不爽？原因之一，是取经团队的成员之间缺乏有效的合作。对于西天取经这条漫长的创业之路来说，班子是搭好了，但是还缺乏磨合。什么叫“磨合”？就是磨炼合作的过程。怎么才能有效合作？让每个团队成员都发挥比较优势，扬长避短。这包括两个条件：第一，团队内部要有明确的分工，分工的依据就是每个人的比较优势；第二，在分工的基础上，每个人都做好自己最擅长的事情。

就取经团队而言，唐僧的优势是根正苗红、形象俊朗，因此应该主要负责外联，兼做取经团队的“形象代言人”。别以为这工作简单，靠脸吃饭，其实

肩负重担，大至换取沿途各国的通关文牒，宣扬东土大唐的威仪，顺带还传播了文化“软实力”（soft power）；小至上门布施，解决饥寒饱暖问题。比如，在女儿国，人家女王是看唐僧面子才给取经团队通关的。又比如，在有些时候，长着雷公脸的悟空和耷拉着大耳朵的八戒上门要饭会吓跑人家，还得唐僧亲自出马才能讨得饭菜。孙悟空的优势是神通广大，胆大心细，因此应该主要负责保护唐僧和降魔除怪。在“保护唐僧”和“降魔除怪”这两项任务之间，前者显然应该优先。没了唐僧，就算打死一百个妖怪又有什么用？猪八戒的优势是武功不错，功利心强（这有时也是一种优点），因此应该协助悟空降魔除怪。沙僧的优势是忠厚老实，因此应该主要负责后勤工作，比如牵马挑担，化缘布施。白龙马的优势就不用说了，就是给唐僧当脚力。

我们从小就被教诲要“扬长补短”，其实这是一个误区！既然“尺有所短，寸有所长”，那么我们再怎么弥补，都无法弥补很多先天的短处。比如，你不能让孙悟空和唐僧去比相貌，不能让矮脚虎王英去跟“亚洲飞人”刘翔比长跑，也不能让赵本山和王菲比谁嗓子好。正确的做法，是每个人都“扬长避短”，做自己擅长做的，通过合作让别人做自己不擅长做的。根据经济学中的比较优势理论，哪怕一个人什么都比别人好，也不应该什么都做。道理虽然有点绕，但也很简单。假设悟空降妖和化缘的本领都比沙僧强，也不应该什么都干。第一，如果悟空什么都自己干，那要沙僧干什么？第二，如果妖怪来了，悟空不可能同时干两件事情，要么丢了师父，要么没得饭吃。第三，降妖是门技术活，含金量高，而化缘相对容易。如果悟空去化缘，那就相当于做了机会成本更高的事情，好比“高射炮打蚊子”，是错误的选择。正确的选择一定是做自己机会成本最低的事情，这样才能得到最高收益。

3.2　分工也要有 A 计划和 B 计划

取经团队的全部人员配齐之后，如果唐僧一开始就明确每个徒弟的主要分工，让他们各司其职，也许就没那么多磨难了。但团队分工不是死的，必须保持一定的灵活性，必须有多种方案。比如，一旦遇到妖怪，根据分工原则之A计划，应该先让八戒上，让悟空保护唐僧。一来可以试探妖精的实力，因为一般打前锋的都是小妖，大部分情况下八戒能够对付得了；二来避免中了妖精的调虎离山之计。如果碰到大妖怪，那就让八戒和沙僧保护唐僧，悟空去打大妖怪。此时，就算有小妖怪想调虎离山，有八戒和沙僧在，也足以应付。沙僧干什么呢？看住行李，必要时协助八戒。如果八戒不敌前锋怎么办？那就角色对调，实行B计划，让悟空去对付妖怪，而八戒和沙僧保护唐僧。

那如果三个徒弟一起上，都打不过妖精怎么办？这种情况不是没有发生过。例如，在火云洞碰到红孩儿时，三昧真火谁都挡不住，包括在太上老君炉子里炼过的孙悟空。又比如，在小西天雷音寺，黄眉老佛一个布袋子能把悟空和天兵天将都抓走。取经路上还有很多厉害的角色，本书第4回再表。如果连孙悟空都打不过怎么办？那就“三十六计，走为上计”，这是C计划。让悟空先逃，赶紧去搬救兵。俗话说，“留得青山在，不愁没柴烧”。要是都被抓住了，取经团队就全军覆没了。这不是说悟空不仗义，撇下同门师兄弟不管，而是从战略的角度出发，先“战略撤退”，再收复失地。

有趣的是，在当下的中国官场也流行着一种独特的分工模式，叫“A-B角”分工。一般情况下，一个市有多个副市长，并且有明确的分工。例如，李副市长主管城建和交通，张副市长主管工业和金融，王副市长主管农业和旅游，等等。这只是明面上的分工，是可以在政府官方网站查到的，但却不是完整的分工计划。难道政府领导分工也有“潜规则”？是的！这几年中央实行高压反腐，落马官员不计其数，群众拍手称快。官员频繁落马，给政府工作带来了一定压力。说不定哪天一个分管副市长就因贪腐被抓了，那他主管的业务怎么办？国不可一日无君，市不可一日无长啊。一些聪明的地方就想到了“A-B角”制度。一开始就说好，明面上的政府副职分工是A计划，一旦谁出事了，立即让一个业务口比较接近的副手兼管出事领导的业务。例如，A计划是李副市长主管城建和交通，张副市长主管工业和金融，那么B计划就是两人兼管对方

的业务，即“李副市长—张副市长”格局。这样一来，一个领导班子中，任何一个副手出事都不会导致工作瘫痪。于是，这一“潜规则”迅速在地方政府流行。

3.3　分类考核才能促进团队合作

聪明的读者可能会问，也许唐僧不懂团队分工，但设计这个取经团队的观音菩萨难道也不懂吗？还有，背后进行顶层设计的“一把手”如来佛祖也不懂吗？

其实，从观音的角度讲，这个问题很好解释。她是要让唐僧师徒饱经磨难才能取到真经，这样才能体现取经人的诚意，让真经在东土大唐得到虔诚的尊奉。因此，观音不会去有意设计唐僧师徒的分工。而且团队分工本应是唐僧这个团队领导的分内之事，观音以上级领导身份干预，恐怕有越权之嫌。

但从如来的角度讲，我个人认为这里存在机制设计漏洞，当然你也可以解释为如来故意要磨炼他们。如来当初派观音去招募取经团队成员时，对大家都有承诺，而且业绩越好，回报越高。例如，《西游记》第八回，观音去长安路上遇到仍在服刑期间的沙僧，跟他承诺“功成免罪，复你本职”①。怎么衡量业绩呢？虽然《西游记》没有明说，但我推测，主要标准就是看打死了多少个妖怪。例如，第二十回，老虎精被八戒打死后，悟空说：“兄弟呀，这个功劳算你的。”（第 150 页）实际上，当取经团队在完成取经、送经任务之后，回到西天，如来佛祖当场论功行赏。在第一百回（第 743 页），如来宣赏：“孙悟空……在途中炼魔降怪有功，全始全终，加升大职正果，汝为斗战胜佛。”这再次证明，打死妖怪数才是硬指标，直接决定了几个徒弟的功果和升迁。

问题是，如来的这种考核机制其实是有问题的。问题在哪？在于它是“一刀切”的，对所有人都一样。“一刀切”的考核方式的好处是一视同仁，简单

① 有意思的是，最终观音并没有完全兑现承诺，因为如来安排沙僧做了金身罗汉。这跟天庭的卷帘大将相比，还真不好说哪个更舒服！

易行，但坏处是大家只盯住这一个目标，会忽视其他目标，从而损害团队的总体利益。这里的团队总体利益，应该是取经团队取得真经，这个目标高于一切。如果不管悟空、八戒还是沙僧，都只管打杀妖怪，但却忽视了保护唐僧，导致唐僧遇害，岂非功亏一篑？这样看来，妖精的调虎离山之计屡试不爽，其实背后是有制度设计缺陷的！

好的制度设计，应该最大化团队总体利益，而不是光激励团队成员个人。在唐僧这个创业团队中，取得真经是总目标。为了实现这个总目标，应该针对团队成员的高度差异，制定分类考核指标。例如，考核孙悟空的主要指标首先是保护唐僧，其次才是打死妖怪的数量，而且妖怪的能力不同，权重也应该不同。对猪八戒，应该主要是打死妖怪的数量。对沙僧，应该是考核其对大师兄和二师兄的协作程度，然后才是后勤工作。对唐僧，应该只有一个目标，就是取得真经。

本节实用管理法则

法则 1：建立员工档案，记录每个人的优点和缺点。兵法云：知彼知己，百战不殆。了解自己的团队成员比了解竞争对手更重要。

法则 2：合理确定团队成员分工，倡导“扬长避短”。“知人善任”说的就是要发挥每个团队成员的比较优势，这样才能做到“人尽其才，才尽其用”。尤其对于小公司而言，它们没有实力也没有耐心等待每个员工弥补缺陷，因此更加应该强调“扬长”，要避免“补短”。对于大公司而言，各方面人才济济，也没必要浪费时间和资源让员工去“补短”。

法则 3：对于重要岗位，或者流动性较高的岗位，应该实行“A-B 角”分工模式。任何一个重要的岗位，应该至少有两个候选人，避免因为关键人才流

失而导致组织分崩离析。如果没有第二个候选人，就要想办法去培养。

法则 4：应该针对不同岗位的要求制定不同的考核方式，实行分类考核。“一刀切”式的考核只适用于高度同质化的创业团队。

第 4 回
天兵天将真的打不过孙悟空吗？

4.1 《西游记》三大谜团之一

《西游记》不只是一部小说，还是一部很深奥的小说，其中玄机四伏，谜团层出。在网上流传最多的三大谜团是：(1) 孙悟空大闹天宫，险些成功，天兵天将为何无人能挡？事后证明，很多天神甚至妖怪其实都可以降服孙悟空。(2) 妖怪抓到唐僧之后，为什么总是找各种借口不去立即吃他？结果悲剧了，唐僧被救，妖怪要么命丧黄泉，要么被人收服。(3) 假美猴王究竟是谁？是不是孙悟空本人？三大谜团中，第二个可能是原著漏洞，第三个无从证实，我们留给读者自己去思考。这里单说第一个谜团，因为它跟创业管理和团队运营密切相关。

孙悟空至少三次曾与天兵天将交手。第一次，孙悟空嫌玉皇大帝册封的“弼马温”级别太低（相当于今天的股级干部），私自跑回水帘洞，并打出了“齐天大圣”的旗号，玉帝派托塔李天王和哪吒三太子下界讨伐。孙悟空打败了先锋巨灵神，又将哪吒打伤。第二次，因孙悟空偷吃王母娘娘的蟠桃，又偷吃太上老君的仙丹，玉帝派十万天兵天将，布下十八架天罗地网，赶到花果山捉拿孙悟空。孙悟空再次击退李天王、哪吒和四大天神，又打败观音大徒弟和李天王二太子木吒，与二郎神基本打个平手。眼见天庭不能得胜，还是太上老君出手，扔出一个金刚琢，将孙悟空打翻，二郎神遂上前擒住，最后孙悟空被扔进太上老君的炼丹炉。第三次，孙悟空在炼丹炉里大难不死，在天宫大开杀戒，以至于“无穷变化闹天宫，雷将神兵不可捉”（第 44 页）。万不得已，玉帝传旨派人上西天去请如来佛祖救驾。最终，还是如来厉害，一巴掌将孙悟空拍在五行山下，一下子就镇压了五百年。

孙悟空大闹天宫能够成功，实在没有道理。第一，就算孙悟空从炼丹炉里逃出来了，也没必要惊动如来。最简单的办法，就是让太上老君再次出手，扔出金刚琢，照样可以打翻孙悟空。别告诉我这招不再灵光，事实上，《西游记》

第五十回，在金兜山，独角兕大王就是用太上老君的这个金刚琢多次打败孙悟空以及天兵天将，收走了他们的兵器，还差点捉了孙悟空。除了金刚琢，太上老君的那些武器，例如红葫芦、玉净瓶、幌金绳、七星剑、芭蕉扇，哪一件不能降服孙悟空？《西游记》第三十二回，在平顶山莲花洞，老君的两个看炉童子金角大王和银角大王，就是凭借老君的这些武器，根本不将孙悟空放在眼里，而且用葫芦把孙悟空捉住了一回。

第二，就算天庭的道教神仙法力不够，佛界能够镇得住孙悟空的大有人在。比如弥勒佛，作为“未来佛”和东来佛祖，法力恐怕不比作为“现在佛”的如来佛祖差多少，至少他自己敢对孙悟空称“我为治世之尊”，可见绝对有顶尖法力。一个证据是，《西游记》第六十五回，他手下的黄眉老佛凭借偷来的弥勒佛的金铙将孙悟空罩住，后来又用人种袋将孙悟空以及他搬来的各路救兵统统生擒，毫不费力。又比如观音菩萨，同样是法力无边。《西游记》第七十回，她的坐骑金毛犼私自跑到麒麟山，凭借观音的三个金铃变得威力无穷。观音菩萨自己都承认，“若不是你偷了这铃，莫说一个悟空，就是十个，也不敢近身”（第 531 页）！

第三，除了天庭大仙和佛界高人，一些地上的神仙也能轻易摆平孙悟空。例如，在五庄观，孙悟空推倒了人参果树，被镇元大仙赶上，一袖子将师徒四人活捉了去。此外，还有一些妖怪法力高强，也能让孙悟空无可奈何。譬如，在黑风山，黑熊精与孙悟空打个平手。在黄风岭，黄风怪喷出黄风，孙悟空便狼狈而逃。此外，红孩儿、大鹏精，那都是一等一的高手，哪个打不过孙悟空？玉帝既然是天上人间的统治者，想必有办法收服地上的各路妖神，怎么就没办法捉住孙悟空？

为了便于比较，我将西天取经路上所有与孙悟空交手的高手（神仙和妖怪）归纳如表 4—1。除去普通妖怪不算，单就这十次遭遇，若没有神仙、菩萨和如来相助，哪怕十个孙悟空都保不了唐僧到西天！这真是“强中更有强中手，悟空只能算二流”！所以，做妖和做人一样，一定要低调！

表 4—1　　法力高强的神仙妖怪

地点	名称	输赢
黑风山黑风洞（第十七回）	黑熊精	与孙悟空平手
黄风岭黄风洞（第二十一回）	黄风怪	喷黄风打败孙悟空
五庄观（第二十五回）	镇元大仙	一袖子活捉师徒四人
平顶山莲花洞（第三十二回）	金角大王、银角大王	红葫芦、芭蕉扇打败孙悟空
火云洞（第四十回）	红孩儿	三昧真火击退孙悟空
金兜山（第五十回）	独角兕大王	金刚琢打败孙悟空
西梁女国琵琶洞（第五十五回）	蝎子精	蜇伤孙悟空
小西天雷音寺（第六十五回）	黄眉老佛	金铙、人种袋打败孙悟空
朱紫国麒麟山（第七十回）	赛太岁	三个金铃可击败孙悟空
狮驼国狮驼洞（第七十四回）	大鹏精	生擒孙悟空

4.2 善于分享权力才能保住权力

回到我们开头的问题，既然太上老君可以搞定孙悟空，镇元仙子可以搞定孙悟空，观音菩萨、弥勒佛祖更是可以搞定孙悟空，那为什么他们在大闹天宫时不出手帮助玉帝？理由很简单，原因很复杂。理由是，这些大仙或菩萨帮了也是白帮，得不到半点好处，搞不好还变成了孙悟空这只疾恶如仇的猴子的死敌。

这绝不是说，玉帝是个吝啬小人，不懂得封赏。事实上，他还是懂得论功行赏的。例如，第一次派李天王和哪吒下界捉拿孙悟空时，玉帝就给他们分别封了“降魔大元帅”和“三坛海会大神”的头衔，事成之后想必能够加官晋爵。二郎神本是玉帝外甥，但是“听调不听宣”，不过帮忙之后，玉帝待他不薄，“赏赐金花百朵，御酒百瓶，还丹百粒，异宝明珠，锦绣等件，教与义兄弟分享”（第 43 页）。可见，玉帝不是小气鬼，对部下赏权赏钱。问题是，玉帝的这些部下（如李天王和哪吒）虽然动力十足，愿意全力捉拿孙悟空，奈何功夫却不行。而功夫足够的大仙菩萨们（如太上老君和观音菩萨），又没动力

出手相助。为何？因为对这些大仙菩萨而言，根本不缺金钱，可玉帝又没法对他们封赏权力，更没法和他们分享权力。

玉帝是谁？他实际上是《西游记》中最有实权的人，没有之一。他上管天上，下管人间，再往下还要管冥界。他是名副其实的独裁者。对于独裁者或专制者来说，保住权力有两个统治法则。法则一是要善于控制权力。古往今来，控制权力的根本措施可以说是异曲同工的，无外乎两种手段。一手是软的，通过意识形态宣传控制黎民百姓的思想。例如，古代皇帝的圣旨第一句永远是“奉天承运”。这什么意思？意思是皇帝代表上天治理国家，每个人都敬畏天地，因此也要敬畏天子（皇帝）。在当今政教合一的国家，皇帝、国王、酋长既是宗教领袖，又是最高元首，这是意识形态治国的典型表现。另一手是硬的，通过警察和监狱来镇压造反者。法则一是对老百姓而言的，但光是控制权力还不够。

独裁者保住权力的法则二是分享权力，这是针对内部统治集团而言的。最近，美国伊利诺伊大学香槟分校政治学教授 Svolik 总结了 1946—2008 年这 62 年里全世界 316 个独裁统治者非正常失去宝座（不包括自然死亡和选举）的原因（Svolik，2012）。其中，政变占 68%，群众起义占 11%，民主转型占 10%，刺杀占 7%，外国干预占 5%。这说明，对独裁者来说，控制权力固然重要，但群众起义推翻政权的概率远低于内部政变的概率。换句话说，堡垒往往是从内部攻破的。而政变往往是因为权力分享没有在统治集团内部搞好，因此分享权力比控制权力更为重要。懂得分享，才能基业长青！

4.3　为什么“一把手”的权力难以分享？

既然分享权力很重要，为什么独裁者不舍得在统治集团内部分享权力呢？就像刘备、关羽和张飞那样，桃园三结义，有福同享，有难同当？但这是孤例，相反的例子则不胜枚举。像刘邦、赵匡胤，还有朱元璋，在当皇帝之前，哪个不是结拜金兰，恨不得和一起打天下的创业兄弟们同穿一条裤、同睡一张铺？而一旦坐上了皇帝的宝座，对不起，“飞鸟尽，良弓藏，狡兔死，走狗烹”。这是亘古不变的规律。对皇帝来说，“有难同当”是必需的，“有福同享”是不可能的！

既然分享权力比控制权力更重要，那么为什么独裁者、皇帝、君主不舍得与亲密的部下分享权力呢？不是他们不愿意分享，是因为“一把手”的最高权力不可能分享。因为最高权力的根本特征是“零和博弈”（zero-sum game），难以分割，难以分享。就像一张饼，你吃多了，他就吃少了，不可能你们越吃越多的。比如，玉皇大帝能给帮了忙的太上老君再封官吗？不可能！在道教中，身为“太清”的太上老君是道教的创始人之一，也就是古代的老子李耳，他与玉清元始天尊、上清灵宝天尊一起被称为“三清”。论辈分资历，太上老君在道教仙界的地位应该高于玉皇大帝。因此，当老君去找玉帝时，“玉帝即同王母出迎”（第 33 页），可见其地位之高。太上老君高居三十三天之上，又是道教创始人，玉帝拿什么权力和他分享？总不能将自己的皇帝宝座让给他吧？在《西游记》中，老君的地位极高，法力很可能最强。如表 4—1 所述，在打败孙悟空的历次事件中，就数老君的法器最多，连观音的金铃都是老君炼制的。而且，他的金刚琢连如来都破不了，还白送了他十八粒金丹砂！本来卧榻之侧，就不容他人酣睡。面对这样地位尊崇、实力超群的太上老君，玉帝拿什么奖励他？总之，对于最高领导人而言，权力和老婆一样，都是绝对不可以分享的！

至于镇元大仙，人家是地仙之祖，在地上就是老大，对天庭的权力估计也不感兴趣。而观音菩萨与玉帝根本不“搭界”：玉帝属于道教神仙，而观音属于佛教神仙。观音都没法打赏，弥勒佛就更不必说了。那么，如来为什么肯出手帮玉帝？一来是玉帝下旨来请，这个面子还是要给的，否则就显得自己没本事降服一只妖猴，传出去多没面子！二来如来有自己的小算盘。收服了孙悟空，就帮取经项目找到了这个创业团队的核心骨干，而且将佛法从西天渗透到东土，势力范围大大扩张，这笔交易简直就是一本万利啊！

本节实用管理法则

法则 1：一个组织的最高领导人要保住权力，必须遵循两个法则：控制权力和分享权力。前者针对底层员工而言，后者针对管理团队内部而言。

法则 2：控制权力固然重要，但分享权力更重要。导致一个组织灭亡的，往往不是底层员工的造反，而是高层内部的斗争。如果可能，适当地给创业团队的核心成员分权。比如，给予他们一定的股份，而不仅仅是给予高薪。给股份，是拿对方当自己人看；给高薪，仍然是把对方当打工者看。

法则 3：最高领导人的权力是不可分享的。一个组织的“一把手”永远不会放弃或者减少自己的最高权力，因为最高权力是零和博弈。对最高权力的斗争，是你死我活的斗争。

第二部分：树权威

俄国著名小说家契诃夫说："只要你说话有权威，即使是撒谎，人家也信你。"可见，权威对于领导力和执行力的重要性。对于创业团队的领导而言，搭好班子之后，就要树立个人权威，否则，创业团队就会像失去方向的舰船一样，迷失在市场的大海之中，甚至阴沟里翻船。第5回将告诉读者，即便像唐僧这样一个生性懦弱的人，一旦当上了领导，同样可以建立个人权威。当然，有人迷信"帝王术"和"厚黑学"，崇尚"用贪官反贪官"这套阳谋。第6回将告诉读者，选择性执法是人治而不是法治，最终会破坏团队的稳定性和领导人的权威。建立了权威，还需巩固权威，因此团队领导必须防止下属叛变。在一个有能力但是不够忠诚和一个忠诚但是能力不足的下属之间，上司应该重用哪个呢？第7回将为这个棘手的难题提供答案。

第5回

唐僧应如何建立领导权威？

5.1 如来善用“巧实力”

小时候看《西游记》，我和我的小伙伴们最崇拜孙悟空，觉得他功夫最厉害。但是，后来我们就发现，孙悟空再厉害，也得听唐僧的，因为唐僧是孙悟空的“师父”。而唐僧得听观音菩萨的，因为唐僧在观音面前自称“弟子”。观音够厉害的吧？结果她在如来佛祖面前又自称“弟子”。这么说来，他们之间的关系是：如来指挥观音，观音指挥唐僧，唐僧指挥孙悟空。换一个角度说，如果西天取经团队是一个创业公司，那么如来是公司的董事长，观音是CEO，唐僧是项目经理，孙悟空等几个徒弟是核心骨干。这种上下尊卑有序的关系叫“等级”，等级里上级对下级的指挥权力就叫“权威”（authority）。权威是一个组织的根本特征之一，因为没有权威就没有秩序，而没有秩序组织就会一盘散沙。不管是民主国家，还是专制国家，在组织内部都必须通过权威维持秩序。

一个拥有权威的上司，可以让下属心甘情愿地去做一件事情，哪怕下属并不同意上司的决定，或者这件事情对下属并没有好处。可见，权威不同于权力（power），前者包含了上司个人的魅力以及下属对上司的忠诚，可以说是一种依靠说服或意识形态的“软实力”（soft power），而后者主要是一种以武力或经济实力为后盾的“硬实力”（hard power）。一个高明的领导，或者一个强大的国家，能够巧妙地将硬实力和软实力结合起来，这种综合实力就叫“巧实力”（smart power）。这是哈佛大学肯尼迪政府学院前院长约瑟夫·奈（Joseph Nye）教授在硬实力和软实力概念的基础上创造的一个新名词（Nye，2007）。

在《西游记》中，如来佛祖亲自动手的情形只有两次，但一文一武，收放自如，已经充分彰显了他运用巧实力的绝世高手风采。一方面，面对孙悟空这种大闹天宫、离经叛道的“妖猴”，他知道靠花言巧语是不行的，得动用硬实

力。于是，如来直接出手，一巴掌将其拍在五行山下，让孙悟空求生不得，欲死不能，五百年里风吹日晒，雨打雷劈，饿了只能吃铜汁铁丸。（关键是，连个说话的人都没有，这得多无聊啊！）另一方面，对于实力超强、打起来可能两败俱伤的妖怪，则以软实力行怀柔之策。西天路上，最厉害的妖怪绝对是大鹏精！当年，大鹏精的母亲孔雀王曾将丈六金身的如来一口吞下，她儿子大鹏精也不是凡鸟。大鹏精法力高强，追打孙悟空时，孙悟空翻一个筋斗是十万八千里，但大鹏精一展翅就是九万里，两下就赶上悟空，竟然将悟空生擒。再后来，面对孙悟空搬来的佛界救兵——过去、未来、现在的三尊佛祖与五百阿罗汉、三千揭谛神——这简直就是佛界倾巢出动啊，狮驼国三个妖怪中的老魔头吓得想投降，而三魔头大鹏精竟然声称要“使枪刀搠倒如来，夺他那雷音宝刹”，口气比天还大啊！面对武力超强的大鹏精，如来没有与之硬斗，我估计硬斗如来占不了多少便宜。兵法说，“杀敌三千，自损八百”。即便打败大鹏精，佛门也要损失惨重，否则对付一个妖怪哪里用得着佛门倾巢出动？如来先是派悟空引诱大鹏精出来，接着用计困住大鹏精，最后用四大部洲供奉给如来的祭祀品与大鹏精交易，软硬兼施，收买其做自己的护法。真正的高手，该硬的时候硬，该软的时候软。手段并不重要，重要的是结果要赢。借用韩寒电影《后会无期》中的一句经典台词：“小孩子才分对错，成年人只看利弊。”

5.2　老板树立权威的三种渠道

如来当然是绝世高手，但不是每个人都有如来的实力。例如唐僧，他生性孱弱，优柔寡断，手无缚鸡之力，又不能封官许愿，可他偏偏还是这个创业团队的领导，那怎么办呢？我要特别说明，权威不等于权力，也不等于武力，不是只有武力的人才有权威，没有武力的人同样可以创造条件建立权威，巩固权力，领导团队实现战略目标。具体该怎样做呢？

一个人获得权威有三种渠道：第一，掌握团队的核心资源。现实世界永远是资源稀缺的，因此只要一个人掌握了核心的、稀缺的资源，就能影响别人的利益甚至性命，自然就拥有了对别人的权威。所有的核心资源可以分为两类：物质和思想（idea）。思想家马克思认为，资产阶级掌握了生产资料，因此掌握了工人的命运，说得一针见血。一个半世纪后，哈佛大学著名经济学家奥利弗·哈特（Oliver Hart）创立了一个企业的产权理论，其核心假设就是：企业主掌握了企业的财产，从而对工人拥有了权威（Hart，1995）。用大白话来说，你要是控制了别人吃饭的东西，当然可以指挥别人。我们江西老家有一句方言："捧人家的碗，服人家管。"其实，很多高深的经济学理论，其直觉简单易懂，因为它抓住了人类最核心的本质。再举一个思想塑造权威的典型例子。毛泽东为什么能够在长征途中确立其领袖地位？那时的中共中央也是一个创业团队，创业目标是打败国民党、夺取江山。在第五次反围剿失败之后，这个创业团队终于明白，只有毛泽东掌握了正确的革命战略，只有依靠他的思想，革命才能胜利，"创业"才能成功。

第二，为下属承担风险。经济学界最有名的学派是芝加哥学派，芝加哥学派的创始人是弗兰克·奈特（Frank Knight），奈特的成名作是其1921年出版的博士论文《风险、不确定性和利润》。奈特的博士论文解释了一个让无数人"羡慕嫉妒恨"的问题：为什么有的人能当老板，而有的人只能当员工？因为当老板的人敢于在充满不确定性的世界里冒险，要为员工承担风险。一个老板创办一个企业，产品卖了钱，首先要付工资，要付供应商的钱，要付政府的税收，最后剩下的才是留给自己的利润。如果利润为负，自己就要承担亏损的风险。因此，作为一种交换，老板为员工承担风险，而员工将劳动过程的指挥权交给老板，最终双方实现权利和义务的对等。在社会上混，凭什么人家让你当老大？你为别人担责任，别人才会为你拼命。有担当，才能有权威。

第三，依靠道德的力量成为榜样。还有一类人，他既没有万贯家财，也不是别人的主心骨，更不能战场冲杀，但是也能拥有领导权威。这类人依靠的是软实力，通过个人的高尚道德树立榜样，赢得别人追随。例如，被列宁称为"中国十一世纪伟大的改革家"的王安石就是这样一个人。王安石做地方官时，关心百姓疾苦，多次上书兴利除弊，多次被朝廷委以重任，但他多次坚辞不受，一时道德文章广为传颂，威望很高。即便他推行变法，得罪权贵，反对派也没法在他的个人道德上做文章，更不能用“贪污腐败”之名将其逮捕下狱。因为他简直是道德上的完人，文笔亦是当世一流，被称为“唐宋八大家”之一。此外，印度“圣雄”甘地也是依靠个人道德树立了至高权威。

上述三种建立权威的方法对唐僧这种生性孱弱的人也管用吗？当然管用！在我看来，唐僧不缺硬实力，也不缺软实力，他缺的是担当！

从硬实力上讲，唐僧至少掌握了取经团队的两种核心资源：取经的合法性和紧箍咒。首先说合法性，就是名分问题，毕竟“名不正则言不顺”。唐僧是金蝉子转世，而金蝉子是如来佛祖的二徒弟，因此唐僧也算如来门下弟子。当初就是如来派观音去东土大唐找到唐僧作为取经人的，换一个取经人，如来肯定不会把三藏真经给他。毕竟，这么重要的宝物，当然要交给自己徒弟去传播才放心。其次，唐僧是唐太宗的结拜弟弟，故称“御弟”。只有唐僧才是唐太宗授权的唯一合法取经人，别人就算拿到真经，也拿不到在大唐传经的许可证。要知道，在玄奘西天取经回来之前，唐朝的国教是道教。因为唐朝皇帝姓李，自认为是道教创始人、老子李耳的后代。你说，随便换一个人从西方取得佛经，唐太宗能让他用佛教取代道教的地位吗？再说紧箍咒。虽然唐僧不会武功，也没有法力，但是他会念紧箍咒啊！这就够了。凭借紧箍咒，唐僧可以制约孙悟空，而孙悟空可以制约猪八戒，沙僧和白龙马忠厚老实，自然听从师父唐僧的，因此唐僧在团队中当然有权威。事实上，孙悟空虽然多次和唐僧顶嘴，但是因为惧怕他念紧箍咒，不得不按唐僧的话去做。

从软实力上讲，唐僧也有道德上的感召力量。作为皇帝委托的取经人，他取经意志最为坚定，磐石不移。在取经路上，他也多次成功地抵制了美色和权力方面的诱惑。这种道德上的高尚，也许对生性顽劣的孙悟空没用，对好吃懒做的猪八戒也没用，但是对忠厚老实的沙僧和白龙马肯定有用。当然了，也有人说，沙僧也抵制了诱惑。他抵制了什么诱惑？他有抵制诱惑的资格吗？谁吃了没事干专门去诱惑他？就算有时沙僧也面临一点小诱惑，那也是因为美女妖怪想诱惑作为“高富帅”的唐僧，顺便也给这个“矮穷矬”的沙僧一点甜头而已！

唐僧真正缺乏的是一种敢于担当的责任感和冒险精神，这才是他在孙悟空面前没有足够权威的根本原因。有好几次，唐僧没有听从孙悟空的建议，不是被妖精蒙骗，就是被妖精捉去，给取经项目带来极大的损失。唐僧也曾认识到自己的错误，并一度有“授权”之意。《西游记》第五十回，取经团队在金兜山遭遇独角兕大王（太上老君的青牛），唐僧被猪八戒调唆，跳出了孙悟空用金箍棒画的保护圈，结果被妖怪抓住。被解救之后，唐僧亲口说：“贤徒，今番经此，下次定然听你吩咐”（第 394 页）。作为一个领导，如果多次决策失误，这显然会在下属面前折损权威。但我相信孙悟空不会仅仅因为这个而怪罪唐僧，因为他知道唐僧没有火眼金睛。问题是，如果唐僧多一份担当的精神，比如，就对悟空说：“下次看到妖怪你就给我打，打对了算你功果，打错了我给你念紧箍咒。”我相信孙悟空必定会对他服服帖帖！

本节实用管理法则

法则 1：作为领导，既要有硬实力，也要有软实力，更要有将两者结合起来的巧实力。聪明的领导，懂得何时该硬气，何时该怀柔，而不是一张面孔应对所有下属。

法则 2：老板有三种方式确立权威：掌握团队的核心资源，包括物质资源或思想；敢于为下属担当风险；具备道德上的榜样力量。第一种方式最普遍，第二种方式不容易，第三种方式最困难。因为人无完人，只有少数人才具备人格上的道德优势。

法则 3：不同类型的老板应该选择不同的方式树立权威。性格平和的领

导，应该主要选择第一种方式，即尽量掌握团队的核心资源，这样可以“不战而屈人之兵”；有血性的领导，可以选择第二种方式，即敢为下属担当，特别讲义气；宅心仁厚的领导，可以选择第三种方式，即“以德服人”。

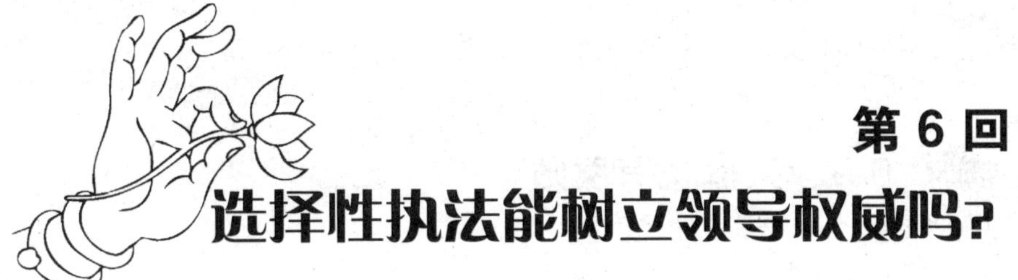

第 6 回 选择性执法能树立领导权威吗？

6.1 天庭也有腐败

古今中外，天上人间，腐败都是国家治理的难题。在《西游记》中，虽然天上住的都是神仙，但是神仙也有凡心，神仙也有弱点，这就决定了神仙也需要治理。否则，仙界为什么需要等级、官位、权威？尽管《西游记》对天庭的治理着墨很少，但是旁侧推敲，我觉得天庭绝非净土，同样有贪污腐败，有徇情枉法，有权钱交易。

就从孙悟空及其三个难兄难弟的命运说起吧。孙悟空两次大闹天宫，偷吃王母娘娘的蟠桃，对抗天兵天将，甚至觊觎玉皇大帝的宝座。甭管搁哪朝哪代，这都是千刀万剐而且要诛灭九族的不赦大罪。但是如来将孙悟空压在五行山下之后，只是派土地神和五方揭谛对其监押，并不伤其性命。如此大不赦之罪，居然只判了孙悟空五百年的有期徒刑，而且地上五百年仅相当于天上五百天，这还不够两年有期徒刑呢！吊诡的是，玉帝对此全然不管，听凭如来发落。如来显然有自己的小算盘，因为接下来（第七回）他就想到往东土大唐送经之事，而孙悟空是他早就选好的取经人徒弟，因此先期对他手下留情。不得不说，如来是西天取经的顶层设计高手，他一开始就在下一盘很大的棋，而孙悟空、唐僧乃至观音都不过是他手中的棋子而已！但从玉帝的角度看，就因为是如来的面子，孙悟空就可以免去滔天大罪，这不是徇情枉法吗？

孙悟空不算葫芦案，更乱的还在后头。猪八戒本是天庭的天蓬元帅，居然酒后调戏嫦娥。嫦娥是谁？野史都说是玉帝的“小三”。果真如此，玉帝就该扒了猪八戒的皮。但是玉帝不过是将他打了两千锤，然后贬下凡尘，不过下凡时投错了胎，才变成了猪八戒那副里外不是人的模样。再看沙僧，本是天庭的卷帘大将，相当于御前带刀侍卫，不过是在蟠桃会上打碎了一个琉璃盏，就被

玉帝打了八百下，这还不算，贬下凡尘之后每周还要饱受百剑穿心的煎熬，绝对生不如死。最倒霉的还是白龙马，不过是烧了龙宫里一颗明珠，居然被父亲西海龙王告发，玉帝打了他三百下，竟然还要问斩！

对比猪八戒、沙僧和白龙马的犯罪情节和处罚结果，你不觉得这里面的信息量很大吗？首先，当事人的犯罪程度和处罚程度是完全成反比的。猪八戒犯了强奸罪，至少应该判个有期徒刑，罪行最重，但处罚最轻，挨打后仅仅是被贬为凡人。沙僧顶多算破坏公物，照价赔偿再加一点罚款就够了，但是贬下凡尘后居然每周还要附加百剑穿心的残忍体罚。白龙马最冤，不过是损害了别人赠送的私有财产，竟然要被判处死刑！世界上还有这么歪曲的法律吗？简直是“天理难容”！我冒昧地揣测，天庭的司法部门存在严重的腐败嫌疑。犯错后处罚的力度与当事人关系背景的强弱完全相关，而与犯罪程度基本无关。猪八戒作为天蓬元帅，估计上层关系比较强硬，因此打点有关部门之后就被从轻发落。沙僧只是个御前侍卫，应该算个低阶军官，司法部门说不上话，就被判重刑了。而白龙马，只是在海里混，天上没人，再加上他父亲可能担心他有觊觎龙王宝座之嫌，就比窦娥还冤，竟然被判死刑。其次，不仅天庭的司法判决存在腐败嫌疑，就连执法部门也有腐败嫌疑。猪八戒被玉帝下令打了两千锤，好像也没事，如果不是错投了猪胎，没准还是帅哥一枚。而白龙马虽然只是被打了三百下，但随后就要问斩。可见，打三百下还是两千下几乎是无差异的，反正打不死人。我估计，掌鞭的天庭执法官也是个腐败分子。谁给钱多，就轻轻落鞭，哪怕两千鞭，也只是弄个皮肉伤。否则，哪怕三百鞭，估计也能要了神仙的命。这跟中国古代的“廷杖”类似。如果买通官员，行刑者可以将犯人打个血肉模糊，但只是外伤；如果不买通官员，可能三十几下就一命呜呼了。

说到这里，我相信哪怕再没法律常识的读者，也会怀疑天庭存在腐败问题，而且是司法腐败，具体来说就是“选择性执法”。你关系硬，送钱多，就可以享受“潜规则”；否则，就给你公事公办，还让你无话可说。

6.2 管理者为何偏爱“阳谋”?

选择性执法肯定是不公平的，但无论是神话小说中，还是现实世界里，无论是企业还是机关，不少管理者或领导人都喜欢选择性执法。同样是犯了错误，对“自己人”一套，对其他人一套，对有关系的人一套，对没关系的人一套，总之就是不能“一碗水端平”。究其原因，是因为管理者迷信这是一种驾驭下属的“阳谋”，通过选择性执法可以巩固领导权力。

理由之一是，选择性执法能够收买人心。一些管理者认为，当下属犯错时，通过“赦免”或者从宽处理，会让下属对自己忠心耿耿，从而收买人心。例如，某个地区的销售经理今年业绩不达标，按说应该降职或者罚款，但是其上级营销总监决定宽大处理，只是对其提出通报批评而已。事后，这个“懂事”的销售经理就应该私下拜见营销总监，先是感谢“不杀”之恩，接着送上厚礼一份，然后信誓旦旦地表达对营销总监的绝对忠诚。这样的桥段在文学作品中可谓屡见不鲜。例如，在曾经热播的电视连续剧《雍正王朝》中，康熙皇帝突然亲临法场，将被迫替人送死的张五哥从刀口下救出，还提拔张五哥做了自己的御前侍卫。那张五哥本该身首异处，冤死法场，哪里想到皇帝亲自救了他的命，还让他做官。换谁是张五哥，都会死心塌地地保护康熙皇帝以及清王朝的利益。但是，诸位看官，且慢激动。仔细看原著，你会发现，其实张五哥本身也是戴罪之身。他贩卖私盐，本就违法，后来不慎打死了催缴税款的衙役，可以说是死罪难免。正因为手里有命案，他被衙役的亲戚发现后，才甘当“白鸭”，替另一个死刑犯邱运生送死，而替人送死属于紊乱法纪，按律同样当斩。但是，康熙才不管张五哥的过错呢，暗示宰相马齐说情，赦免了张五哥死罪，就是象征性地在牢里关了三天，然后就安排在御前当差。找人顶包送命的人固然该死，但是替人顶包并且身犯死罪的张五哥同样该死，可康熙就是免了后者的死罪，身为皇帝，照样选择性执法。

理由之二是，选择性执法能够树立领导个人权威。很多事情，很多规矩，都是因为当事人的既得利益影响了执行，说白了就是“屁股决定脑袋”。没当头之前，普遍希望领导秉公执法，一视同仁。但是一旦自己当了头，又希望规矩对自己是个例外，甚至希望权大于法。假设两个下属都出现了投资失误，使公司蒙受了财务损失，按规定应该撤职。但是总经理却打算以降薪处罚了事。其他下属可能不服气，总经理却理直气壮：“规矩是死的，但人是活的。眼下正是用人之际，撤了他们，我找谁干活去？”总经理其实想暗示下属，规矩并不重要，制度并不重要，重要的是他的想法，听他的话才是王道。管理者将自己凌驾于规矩或制度之上，下属办事时首先想到的就不是规矩或制度，而是领导的意图，甚至唯领导马首是瞻。

理由之三是，选择性执法能够建立领导的个人小圈子。领导之间也有竞争，领导也有个人私欲，因此一个单位或部门的领导，通常都喜欢有一帮“自己人”组成的小圈子。而构筑小圈子的手段，无非是待之以情，诱之以利。“情”就是人情，“利”就是好处。当领导的，如果能够在下属出事时，对下属网开一面，或者给予下属额外的好处，往往会得到下属的特别拥戴，得到这些好处的下属就会成为领导的小圈子，成为领导的嫡系部队，在关键时刻为领导冲锋陷阵，甚至必要时丢车保帅。说得好听点，这就是一种“帝王术”；说得难听点，这其实也是一种“厚黑学”。

6.3　选择性执法不利于团队发展

选择性执法的“阳谋”固然可以在短期内帮助管理者树立领导个人权威，但长期来看却不利于团队发展。阴谋也罢，阳谋也好，都要不得。为什么呢？

首先，选择性执法难以服众。选择性执法的实质是歧视，是违反公平原则的。按说，一个下属犯了错误，违反了法律法规或政策，首先应该反思自己，努力改正，杜绝再犯。但是，在选择性执法背景下，没关系或者没有得到关照的下属犯错之后，首先想到的不是自己做错了，而是怪自己倒霉，撞到了枪口上，或者怪自己没有找到一个更牢靠的领导做靠山。而有关系或者得到关照的下属也没有动力去反思自己，反正出事了总有上司兜着，怕什么呢？好比沙僧和猪八戒，都是天庭公务员，犯错轻的沙僧受罚重，而犯错重的猪八戒受罚轻。沙僧会怎么想？他肯定不会觉得玉帝处事公道，只能怪自己草根出身，背后无人，因此对组织失去信心。作为领导，如果不能服众，那么他实际上就只有“权力”，而没有“权威”。权力是一种硬实力，只有处于正式职位上才能行使，下属对上司是一种表面的、被动的服从。因此，一旦领导离职，这种服从关系就烟消云散了。而权威是一种硬实力和软实力的结合，哪怕领导不在其位，下属出于对其人格力量或魅力的尊崇，也可能继续为其效劳。当领导的，要让权力变成权威，要让下属对自己心服口服，就不能实行选择性执法。

其次，选择性执法不利于团队稳定。无论是一个创业团队，还是一个成熟的管理团队，稳定是非常重要的。一旦领导采取选择性执法，每个聪明的下属都会被迫去寻找一个领导作为靠山。但靠山不可能总是靠得住的。今天张三是总经理，大家去靠近张三，结成一个以张三为核心的小圈子。明天张三调走了，李四当总经理了。于是大家又必须背弃张三去投靠李四，但显然不是所有人都能成功进入李四的小圈子。李四可能首先会打压张三的铁杆下属，然后选择另一拨人建立自己的小圈子。毕竟，忠诚对领导人是非常重要的，朝三暮四的人终究靠不住。后天，王五又上台了，而王五可能是张三的人，于是王五又开始清洗李四的人。最难做的是下属，不知道到底该投靠谁，每天不是想着怎么把单位的事情做好，而是如何去取媚上级，寻找靠山，选择站队，个个人心惶惶，这样的组织怎么可能有前途？

最后，选择性执法意味着执法者违法。我们总说，要法治不要人治。什么是人治？人治就是因人而治，就是选择性执法，而法治是对所有人犯法一视同仁。领导人或者管理者根据关系的亲疏远近来选择执法力度，本身就是违法的，至少在执法环节是违法的。一个总是选择性执法的领导，不可能是一个遵纪守法的领导，其领导下的组织也难以成为遵纪守法的组织。如果领导人的特

质决定了组织的命运，那么这样的组织是前途堪忧的组织。在《西游记》中，不管是天庭，还是佛教，其实都存在选择性执法的问题，这为唐僧取经路上遭遇的各路妖魔鬼怪埋下了伏笔。

本节实用管理法则

法则 1：权力导致腐败，绝对权力绝对导致腐败。因此，任何一个组织，如果领导人的权力不受制约，就会产生腐败，就会侵蚀组织的成长。切记：不要给任何人以绝对权力。

法则 2："选择性执法"不是真正的执法，会阻碍组织永续发展。因此，一旦下属违规，上司要一视同仁，不能因为下属是"自己人"就网开一面，否则覆水难收，最终会导致人人违规的恶果，甚至葬送组织的前途。

法则 3：当领导的，要让权力变成权威，就不能实行选择性执法。权力是一种硬实力，只有处于正式职位上才能行使，下属对上司是一种表面的、被动的服从。因此，一旦领导离职，这种服从关系就烟消云散了。而权威是一种硬实力和软实力的结合，哪怕领导不在其位，下属出于对其人格力量或魅力的尊崇，也可能继续为其效劳。

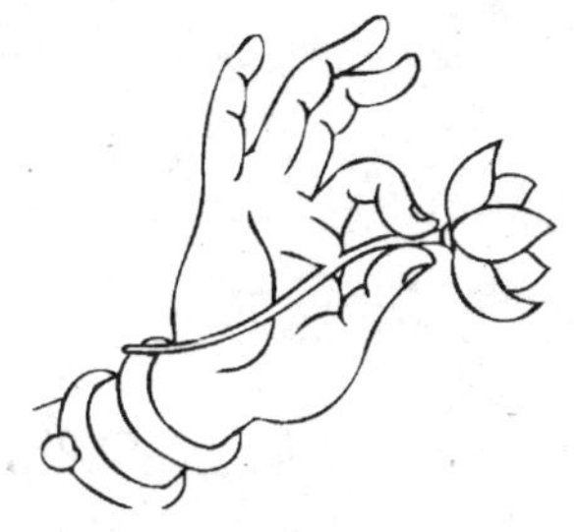

第 7 回

如何防止下属叛变？

7.1 猪八戒是如何表忠心的?

建立权威很重要，巩固权威也很重要。无论是对于一个创业团队的领导而言，还是对于一个组织的"一把手"来说，在内部管理上，最担心的问题就是团队成员或下属的"叛变"，因为这是对领导者权威最严重的挑战。如果创业团队的核心成员或者单位的骨干员工掌握了重要的商业机密，投奔到竞争对手那里，甚至自己创业去成立一个相互竞争的机构，那么这对组织和组织的最高领导来说无疑是巨大的损失，甚至会导致灭顶之灾。要知道，"堡垒都是从内部攻破的"。因此，无论什么组织——企业、政府、事业单位和社团，"一把手"最痛恨的行为就是下属的叛变。达·芬奇的名画《最后的晚餐》为什么那么有名？因为里面有出卖耶稣的犹大，后人将他钉上了历史的耻辱柱。

"一把手"防止下属叛变的一个最直接的方法，就是任用对自己忠诚的人。第一个问题是，怎么判断一个下属是否忠诚？忠诚意味着服从上司的命令，抵制各种诱惑和困难来支持上司的决策。因此，忠诚不是说出来的，而是干出来的。高明的领导不会光凭下属的口头承诺就相信下属是忠诚的，而会通过各种渠道来观察下属的行动。俗话说，"知人知面不知心"。当上司和下属之间存在信息不对称时，下属就会通过某种行动来向上司"发射信号"(signal)①，表明忠诚。例如，张三从外地到无厘市当市长，他肯定要用自己信得过的人，但自己初来乍到，对本地官员的忠诚度一无所知。此时，他决定通过一件事情来试探下属的忠心。他提出"工业强市"的跨越式发展战略。本来无厘市是一个传统的农业市，工业基础薄弱，因此"工业强市"的战略虽然愿望美好，但是不太符合当地的实际情况。此时，保守的官员可能保持观望态度，看市长下一步是不是要真搞；原来市长的忠诚下属则作壁上观，等着新任市长出丑，然后

① 博弈论术语，意思是代理人（下级）采取某种行动（投资、受教育或定价），向委托人（上级）显示自己的类型，并且与其他代理人区别开来。

由他们来收拾摊子，这样可以巩固他们这些前任“忠臣”的既得利益。只有少数想尽快站队的官员会积极行动，一方面他们通过开大会、做报告、写文章来宣传“工业强市”的战略意义和可行性，另一方面在自己管辖的部门或地区率先行动，向市里申请成为“工业强市”战略的试点单位，并邀请市长亲临现场检查指导工作。基本上，这套把戏一上演，新市长马上就能看出，究竟哪些下属对自己比较忠诚。现在，我们终于可以理解，为什么会有“新官上任三把火”，为什么会有那么多华而不实、半途而废、劳民伤财的“政绩”工程，其实“都是信号惹的祸”!

在《西游记》里，猪八戒好吃懒做，而且喜欢搬弄是非，老是在唐僧面前调唆唐僧和孙悟空的关系。大家想过没有，为什么猪八戒每次调唆都能成功?唐僧为什么要偏听偏信?猪八戒不是傻子，他也是神仙，完全了解孙悟空的本领，当然知道孙悟空的判断通常是对的，也知道唐僧的判断通常是错的。但是，他抓住了一点：唐僧优柔寡断，对孙悟空不太信任。因此，面对唐僧和孙悟空的分歧，他总是积极表态赞成唐僧的判断。猪八戒这样做，一方面向唐僧表达了忠心，另一方面又成功地削弱了孙悟空在团队里的权威，可谓一举两得。例如，《西游记》第二十七回讲的是“三打白骨精”的故事。白骨精第一次出现时，变作送饭的美貌少妇，迷倒了好色的猪八戒，也迷惑了唐僧。孙悟空凭借火眼金睛一眼识破，将其化身打死。白骨精送来的“饭菜”现出了原形，都是一些青蛙和癞蛤蟆。此时，唐僧有点相信孙悟空了，觉得自己的判断可能是错的。但看猪八戒如何挑拨离间?猪八戒说，“师父，说起这个女子，他是此间农妇，因为送饭下田，路遇我等，却怎么栽他是个妖怪?哥哥的棍重，走将来试手打他一下，不期就打杀了!怕你念甚么紧箍儿咒，故意的使个障眼法儿，变做这等样东西，演幌你眼，使不念咒哩”(第 199 页)。猪八戒这段话太厉害了，不仅表明他赞成唐僧的判断，而且在妖怪露出原形之后成功地栽赃给了孙悟空，让唐僧觉得自己的判断就是对的。果然，犹豫的唐僧完全相信了，立马对孙悟空念起了紧箍咒。此后，白骨精相继变成老妇人和老头子，孙悟空继续打杀，猪八戒继续调唆，终于迫使唐僧将孙悟空这个取经团队最厉害的人赶走了。孙悟空一走，猪八戒就是老大了。真毒啊，猪八戒！如果不是后来唐僧遇险，猪八戒的离间计就大功告成了，但取经团队估计也完蛋了。

7.2 唐僧的用人困境

对于领导来说，识人是最重要的本领。在下属向上司“发射信号”的条件下，我们假设第一个问题已经不是问题。我们的第二个问题是：当忠诚和能力两者不可兼得时，在一个重要岗位上，甚或是在选择接班人问题上，应该用“忠臣”还是“能臣”？一般来说，忠诚的人通常能力较差，而能力很强的人通常不太忠诚。因为忠诚的人一般比较保守，在上司管辖的范围内不敢随便突破，所以通常难有创新行为，在政绩上会表现得相对普通。相反，能力强的人一般比较自信，个性也强，不太愿意对上司服服帖帖，甚至看不起能力平庸的上司。退一步讲，就算一个很有能力的人确实对上司很忠诚，上司会相信吗？我们在本书第 4 回说过，任何一个组织的最高领导人的权力都是不可以分享的，而能干的下属是最容易危及上司权力的。因此，在组织的“一把手”面前，越是能力强的下属，职位越高，其信任度就越低。三国的大将魏延是怎么死的？你真相信“脑后有反骨”这类扯淡的话？其实是因为诸葛亮死了之后，无人可以节制魏延，接掌军权的文官杨仪逼魏延造反，然后再用埋伏在他身边的叛徒马岱谋杀了“叛徒”魏延。用叛徒来杀叛徒，这可真够讽刺的！

当忠诚和能力不可兼得时，领导的用人困境就出现了。以西天取经团队为例。对唐僧最忠诚的徒弟应该是沙僧。一路上取经团队遭遇无数妖魔鬼怪，多次险遭不测，沙僧都忠心耿耿，从未有过半途而废的心思。但沙僧的能力却是三个徒弟中最差的（不算白龙马），降妖除魔帮不上什么大忙，挑水做饭倒是不错。孙悟空是另一个极端，能力超群，但自恃神通广大，目中无人，经常与唐僧发生口角，甚至负气出走，这种人恰恰最不忠诚。实际上，唐僧陷入了一个领导普遍面临的用人困境：有能力的人不放心，放心的人能力不够。一些重

要的事情，究竟该交给能力强但不太信任的下属去干，还是该交给能力差但是忠心耿耿的下属去干？

7.3　盛世用能臣，乱世用忠臣

最近，美国西北大学教授伊格罗夫等人运用博弈论的方法，针对唐僧的用人难题提供了答案（Egorov et al.，2011）。他们的基本结论是：面对忠诚和能力的两难冲突，领导者的最优用人策略是，选择能力中等但是忠诚度很高的下属担当重任。这个结论不难理解。无论是对于一个创业团队的领导而言，还是对于一个组织的“一把手”而言，最重要的事情是确保自己的最高权力。在确保权力的前提下，可以牺牲一些效率。因此，在忠诚和能力之间，当鱼和熊掌不可兼得时，领导者更看重忠诚。只要组织仍然存在，只要自己还掌握权力，就有机会发掘更多有才能的人，提升组织效率。否则，效率再高，但权位不保，也是为他人作嫁衣裳。

这非常符合历史与现实。一个组织的最高领导者在选择接班人时，往往都是选择对自己忠诚但是能力并不是最突出的人。对于最高领导者而言，重要的问题不是他自己有多能干，而是他能让别人多能干！唐太宗李世民选择太子的故事完美地印证了上述结论。李世民一开始选择立长子李承乾为太子，不料李承乾在宫里养尊处优，生活荒唐颓废，迫使太宗废去其太子之位。之后，为了再立太子，他陷入了“用忠臣还是用能臣”的两难困境，在选择魏王李泰和晋王李治之间犹豫不决。李泰聪明能干，颇像当年的秦王李世民，但处心积虑争夺太子之位，心机太深；李治忠厚仁孝，但能力不如李泰。最终，唐太宗下决心立李治为太子，同时将李泰贬为郡王，并流放湖北。经过“玄武门之变”的唐太宗，其实最担心历史重演。李泰虽然能力很强，但忠心不如李治，很可能由“能臣”变成“叛臣”，这样的人最该防备。

更有意思的是，伊格罗夫等人进一步证明，在位领导者的竞争对手越强，或者下属叛变的成本越低，或者领导者本人的能力越弱，领导者就越是不能容忍能力强的下属。尽管原文的数学模型非常复杂，但是这些命题非常符合直觉。第一，竞争对手越强，领导者在组织中的地位就越有危险，此时容忍一个能力很强但是忠心不够的下属在自己身边担任重任，无异于埋下了一颗定时炸弹。如果竞争对手出高价挖走了这个能干的下属，或者让能干的下属“潜伏”在自己身边，那么自己和组织的命运将岌岌可危。第二，下属的叛变成本越低，能力强但不忠诚的下属就越有可能叛变领导者，甚至取而代之，因此领导者就更应该看重下属的忠诚而不是才能。第三，领导者本人能力越弱，地位就越不稳固，此时从保全权力的第一目标出发，当然就更加不敢重用能力强的下属。相反，如果领导者能力超强，下属哪怕有反叛之心，也无反叛之力。也只有康熙那样雄才大略的皇帝，才能驾驭九个野心勃勃的皇子，最终让皇位顺利承继，营造“康乾盛世”的繁荣。

如果将上面几个结论归纳为一句话，我觉得就是：盛世用能臣，乱世用忠臣。当组织处于盛世时，领导人实力较强，地位稳固，竞争对手实力较弱，下属叛变的机会成本很高，因此可以大胆重用能干的下属为自己效命。反之，当组织处于乱世时，组织本身危机四伏，竞争对手虎视眈眈，下属叛变的机会成本很低，此时能干但缺乏忠心的下属很可能取而代之，因此领导者应该重用忠臣。

本节实用管理法则

法则 1：上司可以通过下属有意发射的“信号”来甄别下属的忠诚度。但要注意，有些信号本身是没有价值的，是一种社会资源的浪费。例如，“一把手”如果作出了一个错误的决策，此时下属的“表忠心”就会导致不必要的政绩工程甚至是腐败行为。因此，“一把手”应该首先确保作出正确的决策，然后再考虑下属的忠诚度问题。

法则 2：当一个人的能力和忠诚有冲突时，作为“一把手”要首先考虑自己的生存问题，因此忠诚度优于能力。“不管黑猫白猫，抓到老鼠就是好猫”成立的前提是，不管什么猫都不会对主人取而代之，否则就不能只看能力，不问忠诚。

法则 3：盛世用能臣，乱世用忠臣。如果组织处于强盛时期，或者领导人本身的能力很强，那么就可以大胆起用能力强但可能不太忠诚的人；相反，如果组织处于衰落或者危机时期，就应该重用对自己忠诚的人，要特别警惕投机取巧的能人。

第三部分：巧激励

管理的核心问题是激励。什么是激励？就是在信息不对称条件下，老板如何能够让员工不撒谎、不偷懒。要有效地激励员工，首先就必须了解员工的真实需求。好的老板，应该是员工肚子里的蛔虫。第 8 回将告诉你如何了解和满足员工的需求。第 9 回将进一步告诉读者，激励不是讲人情，靠义气，而是靠制度。只有依靠制度进行激励的组织，才能成为“百年老店”。因此，“用人不疑，疑人不用”其实是错误的管理理念！比尔·盖茨甚至从小就教育儿子，“不要轻信任何人，哪怕是你的爸爸”。当然，激励不等于提升，也不是所有人都能够得到提升，有时提升会遇到“玻璃天花板”，比如如来佛祖如何提升观音菩萨？当对下属赏无可赏时，上司应该怎么激励下属？第 10 回将提供解答。

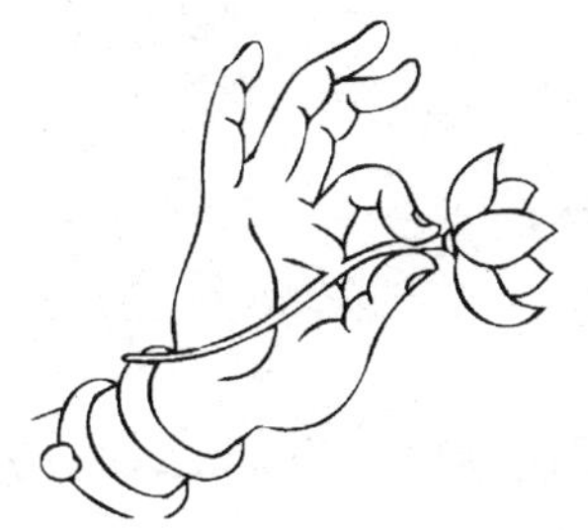

第 8 回

如何激励取经团队成员？

8.1 你真的了解下属的需求吗?

管理的核心问题是激励下属或团队成员。所谓激励(incentive),就是在信息不对称的前提下,老板如何让员工不撒谎,如何让员工不偷懒。如果一个组织能够做到以上两点,那么这样的组织肯定是和谐的组织,也必定是高效率的组织。实现有效激励的前提是,作为创业团队的领导或者组织的"一把手",你必须了解下属的真实需求,这样才能对症下药。

经济学的一个基本原理是需求和供给决定价格,而价格是市场实现资源优化配置的根本手段。因此,已故的世界著名经济学家保罗·萨缪尔森(Paul Samuelson)开玩笑说:"你甚至可以使鹦鹉成为一个博学的经济学家,它必须学习的全部就是'供给'与'需求'这两个单词。"更绝的是,经济学通常假设生产者知道消费者的"需求"(demand)。但是,实际上每个人的"需求"都是隐藏的、变化的,是最难掌握的信息之一。俗话说得好:知人知面不知心。让我举几个例子,考考你对需求的理解程度。

案例1:小马同学晚上下课后去小卖部买东西,问:"老板,有方便面吗?"老板回答:"抱歉,方便面刚卖完了,明天再来吧!"请问:小卖部老板理解小马的需求了吗?没有!小马的真正需求是"能吃饱肚子的东西",而方便面不过是其中一种表现形式而已。如果老板真的理解了小马的需求,就应该回答:"方便面卖完了,还有面包、火腿肠以及茶叶蛋,你要哪种?"如果这样回答,老板就多做了一笔生意,多留住了一个忠实的客户。

案例2:小陈大学毕业刚参加工作,文笔不错,在政府办公室负责为主要领导起草讲话稿。刚接到秘书长的任务时,小陈很激动,立即高质量地写完报告并交给秘书长,但是却被秘书长批评,说稿子不够成熟,但秘书长又不具体说明哪里不成熟。小陈改了好几次,还是继续挨批。小陈理解秘书长的需求了吗?没有!还算小陈聪明,立即向前任秘书虚心请教。前任秘书点拨了他一

下：稿件完成前，先请秘书长"指示"一番，然后表示稿子吸收了秘书长的高见。小陈如法炮制，果然屡试不爽，从此深得秘书长赏识。在这个案例里，秘书长的需求是"获得下属的尊重"以及"面子"，而不仅仅是讲话稿本身的质量。

案例 3： 刘局长的司机老谭是个忠厚老实的人，刘局长对他当司机非常放心。但是，最近老谭老是愁眉苦脸，有时还唉声叹气，让刘局长心情很不好，并且有点担心他开车的安全问题。但老谭工作多年，任劳任怨，平时对名利都没有追求，怎么会不安心工作呢？他又不能主动询问，这样显得领导很没有水平。刘局长理解老谭的需求了吗？没有！其实老谭的真正需求是，他即将退休了，但是儿子大学毕业好几年了，还没有找到合适的工作，他心里惴惴不安。老谭现在最需要的不是临退休时提一级工资，或者提个副科级，而是解决后顾之忧。

可见，了解一个人的需求有时是很难的。更难的是，我们还必须知道这种需求是由"内在动机"驱动的，还是由"外在动机"驱动的，否则看起来合适的激励可能会导致负面效应，出现南辕北辙的结果。世界著名经济学家梯若尔（Tirole）和普林斯顿大学教授贝纳布（Benabou）在一篇论文里区分了"内在动机"和"外在动机"（Benabou and Tirole，2003）。前者是指下属为了个人利益自愿去做某件事情的动机，后者是指下属需要他人奖励才去做某件事情的动机。如果一个下属本身有内在动机去完成某项任务，上司还采取显性的奖励办法去激励下属，那么此时可能适得其反，反而会打击下属工作的积极性。例如，小田认为无偿献血是一种奉献精神的体现，因此愿意无偿献血（内在动机）。此时，公司如果对员工的献血行为进行金钱奖励（外在动机），就可能导致小田反而不去献血，因为他不想被同事认为自己献血是为了钱，这是对他人格的贬低。可见，如果上司错误地判断了下属的需求以及驱动需求的动力，好心就会办坏事。高明的领导，就要变成员工肚子里的蛔虫，对员工的真实想法了如指掌。看来，领导不是那么好当的啊！

8.2 唐僧如何激励几个徒弟?

唐僧算不算一个好领导？我想很多人都会说不算，因为作为取经团队的领导，他基本上不了解几个徒弟的真实需求，也几乎没有提供过任何激励。如果不是如来在背后做了“顶层设计”，如果不是观音在暗中安排保护，我估计十个唐僧团队也取不到真经。让我们帮唐僧分析一下，三个徒弟的真实需求以及背后的动机是何种类型。

先分析孙悟空。孙悟空自认为神通广大，在花果山占山为王，但他的心病是一直没有摆脱“妖猴”的身份。用今天的话来说，就是没有体制内的“编制”！因此，当太白金星代表玉帝宣他上天“拜受仙箓”时，孙悟空笑逐颜开。后来得知“弼马温”官位太低，远不如自己在花果山称王称霸，于是私自下界，跑回花果山，自封“齐天大圣”。玉帝再次接受太白金星的招安建议，同意了齐天大圣的名分，但没有安排任何具体事务，其实就是一个虚职。在参加取经团队之后，孙悟空碰到神仙妖怪时，开口闭口就是“俺老孙是五百年前大闹天宫的齐天大圣”。本来，大闹天宫之后，他被如来打趴下了，换个人肯定不提这档子事情，但孙悟空偏偏将它挂在嘴边，可见他其实对名分非常在乎，生怕别人不知道他“齐天大圣”的名号。总之，孙悟空的需求就是六个字：要自尊，要名分。

然后说猪八戒。猪八戒错投猪胎之后，先是在云栈洞跟了卵二姐过日子，其实就是倒插门的女婿。卵二姐死后，猪八戒坦然继承了老婆的遗产，又跑到高老庄强行做了高太公的倒插门女婿，继续过着小康日子。可见，猪八戒是个非常务实的人，从不管什么名分道义，只要实际利益。他脸皮也厚，在取经路上，为了吃饱可以挨骂，为了保命可以受辱。因此，猪八戒的需求就是三个字：要实惠。

最后谈谈沙僧。沙僧应该是草根出身，没有上层关系，仅仅因为打破了一

个琉璃盏就被贬到流沙河，还要每隔七天承受百剑穿心的极度痛苦。对他来说，能够刑满释放，然后恢复原职就是最大的福分了。因此，当观音菩萨找到他，承诺“功成免罪，复你本职”时，他毫不犹豫地答应了。对于一个穷二代来说，有什么比加入天庭的公务员编制更有诱惑力呢？我估计，沙僧和中国广大的农村大学生一样，如果毕业后能够在政府部门谋得一官半职，首先就实现了在当地光宗耀祖的家族梦想，至于自己在政府部门是否有实权，那都不是重点。因此，沙僧的需求也是三个字：要名分。

明白了三个徒弟的各自需求，唐僧应该怎么激励他们呢？

对于孙悟空，唐僧第一要充分授权，第二要适时表扬。孙悟空神通广大，足智多谋，颇有主见。因此，只要不太违背常理，唐僧应该让悟空出谋划策，然后自己拍板，最后由悟空负责方案的具体执行。如果事情成功，功劳当然首先要归于唐僧领导有方；如果事情失败，唐僧可以问责悟空。① 总之，功劳永远是领导的，过错永远是下属的。另外，孙悟空要面子，唐僧就给他面子。打跑了妖怪，要及时当众表扬，满足悟空的自尊感和虚荣心。

对于猪八戒，就要处处以利益为引导，以实惠换取他的勤勉。例如，要派猪八戒去化缘，唐僧可以规定：在保证师徒四人食量的前提下，猪八戒可以多吃一点。换句话说，猪八戒弄到的饭菜越多，他自己吃得就越多。这样，好吃懒做的猪八戒就只会“好吃”而不会“懒做”了！如果是打妖怪，可以让八戒打前阵，悟空保护师父。② 因为妖精的先头部队一般法力不高，八戒容易取得功果，他就有十足的动力。

对于沙僧，其实不需要额外的激励，因为沙僧是典型的“内在动力”驱动型。为了赎罪，他心甘情愿加入取经团队。他忠厚老实，没有心眼，也不会开小差。因此，只要按工作业绩给他正常的回报就行了，他要的回报就是一个脱罪的名分，最好是官复原职。

---

① 有意思的是，唐僧为什么不这么做？请看本书第 14 回《唐僧为什么不授权给孙悟空？》。

② 欲知这样安排的理由，参考本书第 3 回《妖精的调虎离山计为何总是得逞？》。

8.3 如来佛祖对症下药

唐僧虽然是取经团队的直接领导，但是他并不了解团队成员的真实需求，因此激励机制没有设计好。除了唐僧和观音，取经团队还有一个最高领导，那就是远在西天的如来佛祖。如来是取经项目的策划人，是他想往南赡部洲传送大乘佛经，以便扩充佛界实力。如来也是取经项目的出资人，在观音菩萨答应前往东土寻找取经人以及建立取经团队之后，他资助了五件宝贝：锦襕袈裟一领，九环锡杖一根，另外还有三个紧箍儿。[①] 此外，如来还是取经团队的庇护者，有好几次都派人甚至亲自帮助取经团队降服妖怪。

但如来不是唐僧，作为统领佛界的当世佛祖，他不仅法力超群，领导能力也是一流。作为领导，如果只懂专业，不懂政治，如何能处理组织内部复杂的利益关系？且看如来如何针对取经团队成员的需求对症下药，有效实施激励方案。《西游记》最后一回，取经团队取得真经，送回大唐，功德圆满，回到西天，如来论功行赏。仔细分析如来的奖赏，完全契合取经成员的真实需求。

针对孙悟空的“要自尊，要名分”的需求，根据他在取经团队的卓越功绩，如来封他为“斗战胜佛”。这个名分是相当高了，足以满足孙悟空的需求。因为在佛界，最高的阶层是佛祖，次高的就是佛，这两者都算第一等级，然后是菩萨，最后是罗汉。五百年前，孙悟空大闹天宫，为的就是一个名分。玉帝当年先是封了人家一个“弼马温”，等于羞辱了人家，后来才默认了一个无品的虚职“齐天大圣”。但是如来出手就不凡，不仅给了孙悟空一个正式的佛界编制，而且直接进入佛界的第一等级，比观音、文殊、普贤等菩萨的地位还高！你说，换做你是孙悟空，还不从此对如来心服口服？对如来而言，不过是

① 有意思的是，观音只用了一个紧箍儿，套在了孙悟空头上，另外两个被她私自截留，套在黑熊精和红孩儿头上，两者分别做了她的守山大神和善财童子。

发了一顶帽子，但是却一举收服了一个强大的潜在对手，连带震慑了所有害怕孙悟空的各路神仙妖怪，从而大大扩张了佛界的势力和影响力，何乐而不为？孙子云：不战而屈人之兵，善之善者也。看来，如来不仅懂兵法，而且是高手啊！

针对猪八戒“要实惠”的需求，如来对他是又打又拉。一方面，批评他“保圣僧在路，却又有顽心，色情未泯”（第 743 页），按道理应该予以惩罚，猪八戒听到这里肯定是提心吊胆。如来一生气，后果很严重啊！但另一方面，如来话锋一转，“因汝挑担有功，加升汝职正果，做净坛使者”。[①] 八戒一听不满意，凭什么唐僧、孙悟空都成佛了，自己却只是一个菩萨级别的神仙？如来解释，净坛使者就是凡是供奉给佛界的祭品，佛界大仙们吃不完的，都归猪八戒，相当于给了猪八戒对所有供品的“剩余索取权”。这绝对是个实惠的差事。你想，四大部洲无数信众，每年得上供多少猪牛羊鸡以及各色水果？而有福受用这些祭品的，肯定都是主要的佛祖或菩萨，谁家也不会在神龛里供着几十个佛或菩萨吧？可想而知，祭祀后剩下的供品肯定是不计其数，以后这些都归猪八戒了，我估计他开一百个全球连锁店都卖不完！猪八戒听完如来的解释后，心里肯定算了一笔账，觉得很划算，就不计较什么佛不佛了，成佛了也吃不了他这么多东西啊。因此，猪八戒最后对这个封号慨然应允。

针对沙僧“要名分”的需求，如来说他“登山牵马有功，加升大职正果，为金身罗汉”（第 743 页）。罗汉在佛界的级别低于佛和菩萨，都属于“尊者”，就是受信众尊重的道行较高的人。对于一个草根出身的沙僧来说，能够免罪并且在佛界跻身中层领导行列，他当然心满意足了。不过，为什么如来不兑现观音此前的承诺，让沙僧在天庭官复原职呢？我觉得这有两个原因。第一，在取经团队中，唐僧是小老板，观音是中老板，如来才是大老板，大老板可以否决中老板的决定。第二，沙僧一路护驾有功，忠诚老实，久经考验，佛界肯定不能白培养了他，更不会把这样一个人才留给竞争对手道教。

---

① 请注意，如来并没有提及猪八戒“降妖有功”，这是为什么呢？

本节实用管理法则

法则 1：要了解创业团队成员或下属的真实需求。“需求”不等于“需要”。前者是个人有能力实现的目标，后者是个人的主观愿望。注意，需求往往是抽象的，可以表现为不同的具体形式。当老板的，要学会归纳出下属的抽象需求，而不能陷入具体的表象之中。

法则 2：要区分两种需求类型，一种是“内在动机型”，不需要采取外在的物质激励，当事人也有动力去实现。此时，物质激励可能适得其反。另一种是“外在动机型”，需要老板给予强烈的物质或精神激励。

法则 3：所有人的激励手段无非“名、利”两种。对要名的人给名分，对要利的人给实惠。但千万别做相反的奖励，否则成事不足，败事有余。合理的名利观是员工进步的动力，不是坏事。关键是上司要加强引导，名利只是激励手段，实现目标才是正道。

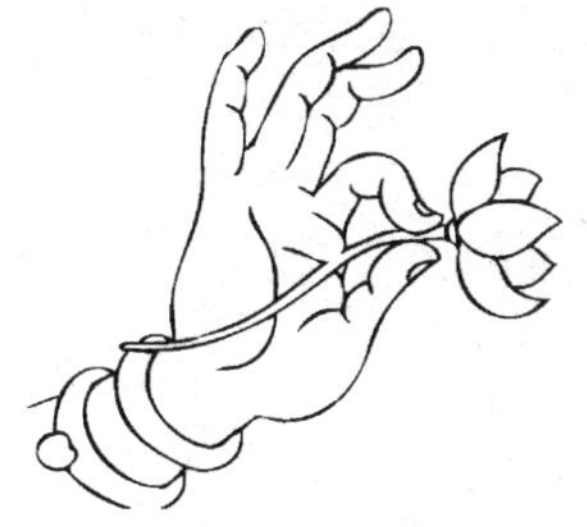

第 9 回

用人不疑，疑人不用？

9.1 唐僧也有开小差的时候

中国有句古话：用人不疑，疑人不用。意思就是，如果你信任一个人，就不要怀疑对方的人品或水平，否则就不要让对方做这件事。这句话被很多人奉为管理信条，也常常作为上司对下属充分授权的理由。然而，这句话既经不起逻辑的推敲，也经不起事实的检验！

首先，人性都有弱点，因此信任总是相对的，这就需要设计激励机制。西方有句谚语：人的一半是天使，一半是魔鬼。这话非常深刻。从人品上讲，人既不是"性本善"，也不是"性本恶"，而是善恶的结合体。用经济学方法来分析，每个人都是在约束条件下最优化自己的行为。这里的约束条件主要是外界环境，包括家庭条件、社会气氛、法律法规以及同伴行为。因此，行善或作恶都是内生的结果，是因为行善或作恶的收益或成本超过了其成本或收益，而不是他天生就是善人或恶人。反过来，要减少恶行，就需要设计恰当的激励机制，改变他的约束条件。遗憾的是，在人情社会中，我们往往过于看重个人的表现（结果），而忘却了人的本性及其面临的约束条件（原因），甚至继而用个人的表现来为人品或水平辩护。

在《西游记》中，唐僧绝对是人品最值得信赖的人之一。唐僧从小在寺庙被养大，虔诚信佛，又感恩唐太宗为其报了杀父之仇，因此对唐太宗交代的西天取经使命可谓忠心耿耿。他在临行前曾经发下毒誓："我这一去，定要捐躯努力，直至西天；如不到西天，不得真经，即死也不敢回国，永堕沉沦地狱"（第89页）。的确，唐僧从走出大唐国境开始，就遭遇各种妖魔鬼怪，历经千辛万苦，但是坚贞不屈，矢志不渝。不过，意志如磐石的唐僧，竟然偶尔也有思想开小差的时候。《西游记》第五十四回，唐僧师徒进入西梁女儿国。女儿国国王决意招唐僧为夫，以倾国财富相赠。女儿国国王在金銮殿初见唐僧，携

手搀扶之时，原著《西游记》形容唐僧“战兢兢立站不住，似醉如痴”（第 406 页），显然是“有一点动心”了。电视剧《西游记》在此细节之处进行了精彩的演绎。剧中，唐僧在女儿国国王的甜言蜜语和似水柔情的爱情攻势下，已经默许了共度春宵，结果却被赶来的蝎子精煞了风景。在离开女儿国之后，唐僧心意犹在，竟然要靠诵经来平复内心的躁动！

试想，连唐僧都有“靠不住”的时候，谁人敢说自己意志坚如磐石？因此，给定人性是有缺陷的，对任何人的人品的信任都是相对的，这个世界上不存在绝对值得信任的人。人与人的差别，不是天使和魔鬼的截然不同，更可能是每个人包含的天使成分和魔鬼成分有所不同，并且因为遭遇了不同的外部约束条件，而不同程度地爆发罢了。有意思的是，世界首富、微软公司创始人比尔·盖茨从小就教育儿子：“不要轻信任何人，哪怕是你的爸爸”（纳奥米，2011）。

9.2　人品不等于水平

其次，人品不等于水平，要选择性发挥每个人的特长。用人不疑体现的是一种信任，这种信任包括两个方面：人品和水平。人品可以算是主观判断，水平（或才能）是客观条件。问题是，人品和水平往往不是匹配的。人品好的未必水平高，而水平高的又未必人品好。司马光在《资治通鉴》里根据人品和水平两个维度将人分为四类：“才德全尽谓之圣人，才德兼亡谓之愚人，德胜才谓之君子，才胜德谓之小人。”① “用人不疑”似乎意味着，如果对方人品好，就相信对方水平高，这显然是幼稚的。从效果上看，不管是好人办错事还是坏人办错事，造成的损失都是一样的，并没有本质区别。

因此，面对重任，如果信任一个人的人品，就要帮他提高自身水平，否则对方就会辜负了你的信任。精于顶层设计的如来佛祖对唐僧的使用就体现了这

① 司马光：《资治通鉴》，115 页，北京，中华书局，2007。

一点。如来派观音菩萨去东土找取经人，但是他知道从东土到西天，一路有无数妖魔鬼怪，而东土凡人根本不可能战胜这些妖魔鬼怪，这与取经人意志是否坚定无关。因此，他将几件护身之宝（袈裟和锡杖）和降魔之宝（紧箍儿三个）给了观音。在《西游记》第十四回，孙悟空打死了六个抢劫的土匪之后，唐僧与孙悟空第一次发生了冲突，孙悟空负气出走。观音变成一个老太太，将一个紧箍儿和紧箍咒送给了唐僧，用来约束孙悟空和保护唐僧性命。如果没有这些法宝做激励，唐僧恐怕也没有到达西天的信心和勇气。

“疑人不用”也是不对的。司马光认为，因为德才难以两全，所以如果圣人和君子难以找到，宁肯用愚人，也绝不用小人。因为“挟才以为善者，善无不至矣；挟才以为恶者，恶亦无不至矣”。打个比方，品德是1，才能是0。品德越高的人，才能越高越好；品德越差的人，才能越高越坏。我不同意这个观点。第一，如前所述，品德是相对而言的，而且是随环境变化的。一个好人，在一个坏的环境下，也可能变坏；反之亦然。第二，才能是工具，关键看怎么用。在好人手里，菜刀就是切菜的工具；在坏人手里，菜刀可以成为杀人的利器。菜刀本身是中性的，才能也是如此。关键在于，如何创造条件，让每个人的才能得到充分利用，同时又让每个人的私心（魔鬼的一面）得到约束。

在《西游记》中，策划西天取经的如来佛祖和管理取经任务的观音菩萨，都是“人尽其用”的管理高手。在取经团队中，除了领队唐僧根正苗红之外，其余团队成员无一不是戴罪之身。孙悟空大闹天宫，被如来判了五百年的有期徒刑；猪八戒调戏嫦娥，相当于强奸犯；沙和尚打破天宫琉璃盏，是破坏国家财产；白龙马纵火烧毁殿上明珠，被判死刑。而且，在戴罪立功之前，猪八戒与沙和尚依然违法违纪，简直就是“恶人谷”出来的。但是，你看他们不是照样被法力高强并且善于识人用人的观音菩萨收拾得服服帖帖，最终各得正果？

9.3 信人品不如信制度

根据我们的分析，“用人不疑，疑人不用”违背人性假设，过于偏激，绝

非管理信条。我认为合理的观点应该是，“用人敢疑，但以制度为工具，对事不对人；疑人敢用，但是要看具体环境谨慎使用”。

首先，在人品和制度之间，多相信制度，少相信人品。制度就是明确的、稳定的游戏规则，可以为所有当事人提供稳定的预期，并且最好是能够在信息不对称的条件下激励代理人说真话和不偷懒。从某种程度上讲，用制度进行管理的反面就是人治。人治过于依赖主观判断，导致政策因人而异，容易导致波动性、人际冲突和歧视性。而制度相反，它强调对事不对人，具有稳定性、匿名性和对称性的优点。稳定性体现为，制度不会因领导变动而变动，或者朝令夕改，让员工无所适从。匿名性体现为，不管是熟人还是陌生人，制度都一视同仁，执行制度的人可以将制度作为人情的挡箭牌。对称性体现为，不管是哪一派当领导，都要遵守这个制度，因此潜在的反对者会减轻对制度及其执行者的敌意。

举一个管理实践中的小事为证。某单位有一些员工经常迟到早退。为了提高出勤率，主管 A 亲自督查。他秉持“用人不疑”的态度，对自己熟悉或信任的员工，对方只要给他一个迟到早退的理由，他都大度地既往不咎。结果，他熟悉的员工继续我行我素，而不熟悉的员工则想办法与他套近乎，被处罚的员工则抱怨主管 A 处事不公。老板让主管 B 接手这件事。主管 B 制定了上下班打卡制度，明确规定迟到早退者扣除奖金。他首先声明，这个制度是从公司的整体利益出发，不是要有意惩罚某些人，而且对所有人一视同仁。因为有制度在先，尽管主管 B 熟悉的员工迟到早退了，他也照样扣除奖金，并且表示这是公司的制度，他也没办法通融。一开始有熟悉的员工为此抱怨，但不熟悉的员工都认为他处事公正，最终所有员工都对该制度表示理解，迟到早退现象自然少多了。

在《西游记》中，观音虽然算是唐僧的师父，但并不表明她对唐僧的人品和水平就绝对放心。事实上，她一直在暗中布局，通过制度监督和保护唐僧师徒。例如，在小说第十三回，唐僧刚出大唐国境，就遭遇了老虎精，两个随从被吃掉，但他自己“侥幸”被太白金星的化身搭救。我们有理由怀疑，这个太白金星应该是观音委派来保护他的。实际上，观音派的人绝不止一个，而是一个二十四小时全天候值班的神祇团队，包括六丁六甲、五方揭谛、四值功曹、一十八位护驾伽蓝，一共三十九个神仙！这些神仙一方面要保护唐僧师徒，另一方面也要监督他们。第六十五回，在小雷音寺孙悟空被金铙盖住，值班神仙们一边暗中保护唐僧，一边派人上天庭搬救兵，请二十八星宿中的亢金龙钻开金铙，总算让孙悟空逃脱。不仅如此，观音甚至亲自上阵，对唐僧师徒的取经决心进行试探。第二十三回，观音会同黎山老母、普贤和文殊，四个大神仙变身母女四人，欲与唐僧师徒四人玩“速配”，结果只有猪八戒把持不住，最终被绑在树上，以示惩戒。一方面，对取经团队成员许以利益，进行奖励；另一方面，又派人暗中监督，强化执行。一手抓激励，一手抓监督，观音不愧是取经团队的CEO!

其次，疑人敢用，但要用出水平。俗话说得好，“没有金刚钻，不揽瓷器活。”尺有所短，寸有所长，关键是如何利用各自的特长，真正做到人尽其才，物尽其用。这就对老板、领导或上司的掌控能力提出了严峻的考验。精明的领导不仅能够用好君子，也能用好小人。电视剧《铁齿铜牙纪晓岚》中，乾隆就是这样一位高明的领导。一方面，他既重用德才兼备的大才子纪晓岚，又倚重忠心耿耿的大奸臣和珅，并且巧妙地在两人之间挑起矛盾，让他们各自对自己忠心无二。

本节实用管理法则

法则 1：要相信人性有弱点。人的一半是天使，一半是魔鬼。究竟是天使的一面多，还是魔鬼的一面多，取决于生存环境和制度设计，不取决于人性本身。因此，当老板的，应该创造好的环境，让员工多发挥天使的一面，抑制魔鬼的一面。

法则 2：“用人不疑”没有科学道理，因为对任何人的信任都是相对的。一个人之所以没有背叛信任，可能是因为此人确实忠诚，但也可能是因为面临的诱惑不够大。何况，信任一个人的人品不等于信任一个人的水平，人品和水平可以毫无关系！如果老板真的信任一个员工的人品，更应该帮助他提高自己的业务水平。

法则 3：制度比人性可靠，法治比人治更好。制度具有稳定性、匿名性和对称性的优点，特别适合处理那些容易得罪人的事情。考虑到中国是个“熟人社会”，一旦出了问题上司往往不方便处理相关责任人，此时借助制度进行规范就尤为重要。但不能等到出事了才按制度“公事公办”，而应该在没出事之前就按制度严格办理，这样才能杜绝机会主义行为。

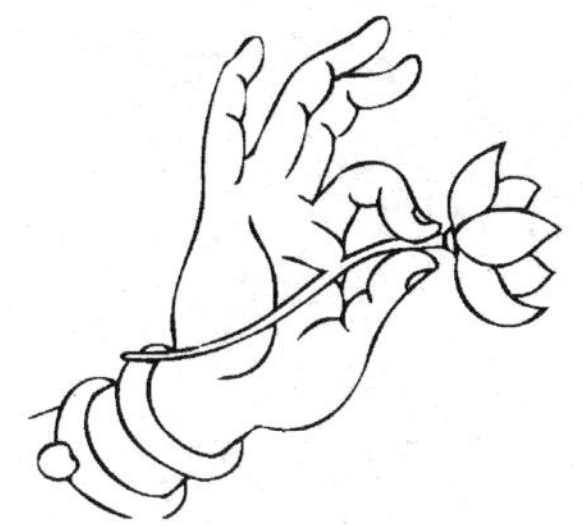

第 10 回
如来为什么不奖赏观音?

10.1 唐僧师徒升迁，观音原地不动

《西游记》有一处细节困扰了我很久，相信也让很多读者感到困惑。我查阅了相关资料，经过了一番思考，今日终于解惑。

《西游记》最后一回（第一百回），唐僧师徒送经归来，在灵山接受如来封赐，各得正果。取经团队的直接领导唐僧被封为“旃檀功德佛”，大徒弟孙悟空被封为“斗战胜佛”，二徒弟猪八戒被封为“净坛使者”，三徒弟沙僧被封为“金身罗汉”，白龙马被封为“八部天龙马”。如来根据取经团队的业绩论功行赏，唐僧师徒可谓功德圆满，这是皆大欢喜的事情。等等，如来你是不是漏了什么人？观音菩萨咋办？她可是取经项目的 CEO 啊！但是沿原著往下细看，如来再无封赏，到此为止。这就让人纳闷了：作为取经项目的中老板（如来当然是大老板），观音指挥调度有方，取经团队的五个人全都升迁了，自己却没有升迁。没有升迁就算了，关键是取经项目的小老板唐僧和团队成员孙悟空原本是自己的下属，结果这次成佛了，佛比菩萨的等级高，昔日的下属居然变成自己的“上级”了！

试想一下，如果一个部门领导辛苦工作，业绩斐然，结果下属升了，自己不仅原地不动，而且变成下属的下属，那谁还有激励去领导下属呢？不打压下属就不错了！这不是典型的激励扭曲吗？一开始，我对这个问题百思不得其解，四处求索也没解惑。首先，我们谁都不能否认观音菩萨在西天取经过程中的卓越贡献。是她，自愿去东土大唐寻找取经人；是她，组建了搭配合理的取经团队；是她，收服黑熊精，拿住红孩儿，抓住金鱼精，捉回金毛犼，此外还多次暗中相助；还是她，设计了九九八十一难，让唐僧等人饱经沧桑，修得正果。如果对取经项目论功行赏，我觉得观音菩萨作为 CEO 和中老板，绝对是居功至伟。如果取经项目创业成功，公司隆重上市，观音不仅应该是上市公司的 CEO，而且要获得原始股。

当然，有人可能不同意我的判断。质疑理由是，佛、菩萨和罗汉仅仅表示个人修炼水平和觉悟的差别，不是等级关系。“罗汉”是“自觉者”，在大乘佛教中修炼层次较低；“菩萨”达到了“自觉”和“觉他”两个境界，层次较高；“佛”则达到了“自觉、觉他和觉行圆满”三重境界，层次最高。我认为这种说法是不全面的。佛教的核心要务就是修炼，因此如果一个人修炼水平比别人低，在佛界的地位当然就比别人低。佛、菩萨和罗汉的关系，类似于教授、副教授和讲师（欧美称助理教授）的关系。它们都是大学教师的职称，代表教师在专业水平方面的差别。在欧美，尽管所有大学教师都可以泛称为“教授”，但三者之间在权力或权威之间有很大差别。只有教授可以参加“教授委员会”，决定学院或学系的重大事务；在绝大部分大学，只有副教授以上才是“终身教职”（tenure track），除非犯法，否则大学不得解雇；而讲师或助理教授压力很大，必须在两个聘期内（一般是 6 年）升为副教授，否则就要离职。因此，虽然佛界不像天庭那样行政等级森严，但是修炼等级所代表的权威边界也是相当分明的。例如，观音在如来面前，一向自称“弟子”，从未僭越。《西游记》第九十九回中有一句话清楚地表明了罗汉（揭谛、伽蓝）服从菩萨，菩萨服从佛祖的等级特征。唐僧送经回大唐之后，五方揭谛、护教伽蓝对观音菩萨说：“弟子等向蒙菩萨法旨，暗中保护圣僧，今日圣僧行满，菩萨缴了佛祖金旨，我等望菩萨准缴法旨”（第 733 页）。此外，在《西游记》最后一回，如来册封完毕，大家一起祝贺。且看如下贺词：

> 大众合掌皈依。都念：南无燃灯上古佛。南无药师琉璃光王佛。南无释迦牟尼佛。南无过去未来现在佛。南无清净喜佛……南无旃檀功德佛。南无斗战胜佛。南无观世音菩萨……南无净坛使者菩萨。南无八宝金身罗汉菩萨。南无八部天龙广力菩萨。如是等一切世界诸佛。

贺词体现的佛界等级非常清晰。首先颂扬几个佛祖，他们级别最高；其次是普通佛，如清净喜佛；再次是刚册封的、排名最后的两尊佛，旃檀功德佛（唐僧）和斗战胜佛（孙悟空）；然后才是四大菩萨（观音居首），以及刚册封的净坛使者菩萨（猪八戒）；最后是罗汉，金身罗汉（沙僧）和八部天龙（白龙马）殿后。在这里，罗汉也被泛称为菩萨，如同助理教授也被称为教授。

10.2 观音遭遇升职“天花板”

既然观音菩萨为了西天取经这个创业项目，筚路蓝缕，居功至伟，那为什么就不能升职呢？我认为，根本原因在于，观音是女性！按照佛界当时的规定，女性是不可以成佛的，这也算是一种性别歧视吧。

在印度佛教中，观音本来是男身，或者至少应当理解为“中性人”。因为佛法说，“法无定性，非男非女”。但是佛教从唐朝传入中国之后，逐渐本土化了。中国一半以上的佛教信徒是女性，而女性最大的心愿是多子多福。于是，备受广大女信众膜拜的观音就逐渐变成了雍容华贵、慈祥端庄的女性。写作《西游记》的吴承恩生于明朝，当然必须把观音塑造为女身了。毫不奇怪，今天我们在中国寺庙看到的观音塑像，也无一不是女身。

遗憾的是，按照佛教的说法，女性是“五漏之身”，不能成佛。例如，《中阿含经》云：“女人不得行五事，若女人能得如来无所着等正觉，及转轮王，帝释，魔王，大梵天等终无是理。”那如果一个女性修为极高，已经达到了“自觉、觉他和觉行圆满”的境界，难道也不能成佛？可以，但是必须变身为男！例如，在《法华经》中，龙女成佛就是先变男身，然后成佛。

《法华经》写道：“当时众会，皆见龙女，忽然之间，变成男子，具菩萨行，即往南方无垢世界，坐宝莲华，成等正觉……皆遥见彼龙女成佛。”可见，女性要成佛也不是不可以，但前提是得先变性！

我们无须纠结于佛经教义，但考虑到《西游记》写作的时代背景，“女性不能成佛”可能的确是一种“时代局限性”。要知道，吴承恩所在的明朝，程朱理学占据了社会思潮的统治地位，男尊女卑是普遍现象。要让当时的作者在文学作品中违背佛教伦理，让女性成佛，地位高于诸多罗汉（几乎都是男性），这实在是勉为其难。

可见，观音虽然取经有功，但是不能由菩萨升为佛，实在是因为性别局限这一客观原因，并非如来有意轻慢。别说明朝，就是当今，女性在职场升迁时遇到“玻璃天花板”也是见怪不怪的。据统计，目前全世界大约 200 个国家中，女性担任总统或政府首脑（总理）的国家也不过 10 个。除了最高领导人，女性担任议会议员或内阁部长的比例也不过五分之一左右。而且，除了性别因素外，种族因素也成为很多人职场升迁的“玻璃天花板”。例如，一个中国人要想在跨国公司担任副总裁以上职位，那是难于上青天。

10.3　如来如何解决“赏无可赏”的难题？

由于客观原因，如来佛祖无法给观音菩萨升职，不管观音有多大功劳。在这里，作为单位“一把手”的如来其实碰到了一个职场难题：当对下属“赏无可赏”时，怎么办？

什么时候会出现“赏无可赏”的问题？第一种情形，位子不够，导致下属升迁遭遇“玻璃天花板”。古代皇帝在奖赏大臣时，总是要面对一道不可逾越的障碍：最高的奖赏不可能超过皇位本身。比方说，某大臣已经是宰相了，位极人臣，皇帝总不能把自己的宝座让给他吧？这就出现了一个严重的问题，大臣功高震主，最终可能导致灭顶之灾。再比如，一个副总为企业的发展立下了汗马功劳，股份也仅次于老总，老总如何进一步奖励他呢？这些都是一个组织中常见的难题。第二种情形，下属升迁太快，以至上升空间非常有限。比如，清朝的肱骨大臣曾国藩，考中进士后，在北京从一个正七品的翰林院庶吉士一路做到正二品的礼部右侍郎兼吏部左侍郎。十年七迁，连升十级，真是好比火箭上天！之后，他从咸丰二年开始练兵，直到咸丰驾崩，十年建功立业，保住了大清半壁江山，最后以协办大学士（副一品）身份担任两江总督（总督与侍郎同为正二品），总算升了一级！

如何解决“赏无可赏”的问题？第一，设立虚职。由于一个组织的编制有限，人员规模有限，因此实职位置也是有限的。但虚职就不同。首先，虚职不同于实职，不涉及下属之间那种“有你就没我”的零和博弈，奖赏数量可以更多。其次，虚职侧重于荣誉，不涉及实权，一般涉及少量的金钱奖赏，这样就可以大大节约组织的财政支出。仍以曾国藩为例。他在十年戎马生涯中，为保卫清朝江山立下了赫赫战功，当然不能给他只升一级。否则，他凭借手中十几万私人训练的湘军，随时可以让清廷变成覆巢之卵。于是，清廷在任命曾国藩为钦差大臣以及担任总督的同时，在每次捷报之后都授予他一些荣誉性的虚职。先是给曾国藩加兵部尚书衔，这是副一品的头衔，在攻陷南京之后又追加太子太保衔（副一品）并封一等毅勇侯，后又授予其武英殿大学士头衔（正一品）。曾国藩本人对这些荣誉是非常看重的，他也因此加深了为清廷鞠躬尽瘁的忠心。也许在某种程度上，这是促使他拒绝称王称帝的重要原因之一。在中国官场，除了市长、县长等领导职位，其实还有一类“非领导职务”，包括主任科员、调研员、巡视员等。这类非领导职务，其实就近似于虚职，除了涨级别和涨工资，并不涉及实际权力的配置，这就避免了实职不够带来的激励不足问题。

第二，创设新职位。当实职已满，而虚职难以满足有能力的下属时，上司可以尝试创设新的职位。提升实职和虚职都相当于分蛋糕，而创设新职则是将蛋糕做大。历史上，李渊在和几个儿子推翻隋朝之后，就面临对次子李世民赏无可赏的挑战。李世民率部下攻城略地，为建立唐朝立下首功，照理应当重赏。但问题是，当时的李世民已经受封秦王，任太尉兼尚书令，已经是亲王加正一品的实职，总不能将太子之位由李建成改封李世民吧。皇帝李渊在赏无可赏的绝境下，决定特设一个新的职位——天策上将。这个新职位在亲王之上，它的办公机构天策府是武官官府之首，天策上将可以自己招募官员。说白了，就等于让李世民自己成立一个小王国。尽管最终李世民还是发动了“玄武门之变”，但或许天策上将的设立使得李世民没有使用更极端的手段。

第三，进行物质和精神奖励。退一步讲，如果实职虚职都不够了，新职位又违背既定的等级序列，那么上司又该怎么办呢？此时，上司可以对有功劳的下属实行物质和精神奖励。不是所有功劳都需要提升的，否则组织的位子早就

超编了。例如，古代皇帝为了表彰大臣，经常将自己的贡品赏给大臣，或者增加大臣的俸禄。这些措施至少在短期内能够缓解激励不足的困境，以后有机会可以再加封晋赏。

让我们回到如来佛祖的困境。根据我们上面的方法，如来其实可以破解对观音赏无可赏的困局。最直接的办法就是第三条，实行物质和精神奖励。既然观音是女性，不能成佛，暂时找不到好的升职办法，但奖励总可以作为一种补偿办法。封赏唐僧师徒时，佛界神仙都在现场，此时如来可以当众对观音进行口头表扬，并且赏赐法物若干，相信会令观音美名远播，地位上升。对于仙界而言，除了实物，其实还有一种重要的激励工具，就是法力或法器。在仙界，地位高未必法力强。因此，如果不能提升一个人的地位，增加其法力同样可以带来正面的激励效果。如来法力无边，可以奖赏观音一些新的法器，好比新式武器，此外还可以赋予其更高法力，提升其在仙界的实力地位。还记得如来在布置取经任务前给了观音三个紧箍儿吗？那几件宝贝非常厉害，谁戴上了都脱不了身，只要一念咒，就好比输入了密码，千里之外也屡试不爽，是控制人的绝佳武器。观音只用了一个在孙悟空身上，另外两个都私自挪用了，一个套住了黑熊精，另一个套住了红孩儿，给观音增加了两个生猛的部下。我相信，连六耳猕猴来历都知道的如来，肯定早就知道了观音“公款私用”的行为，但取经成功，并不追究，其实这也可以看做是对观音努力的变相补偿。但这补偿可以来得更光明正大一些，可以当场奖赏观音更多法器，岂非事半功倍？

更进一步，如来还可以用上述第二条建议，增设“首席菩萨”这个头衔，明确观音作为第一菩萨的崇高地位。这个职位也可以看做是一种虚职（参考第一条建议），它并不改变佛界的等级编制，也不意味着首席菩萨可以指挥其他菩萨，仅仅表明观音在菩萨序列中地位排名第一。

本节实用管理法则

法则 1：领导对下属的奖赏要循序渐进，不可操之过急，奖励太快，否则欲速则不达。尤其对于年轻人，尽量避免多次破格提拔，否则越往后下属权力越大，贡献越高，但上升空间越少，反而促使能干的下属离开组织。

法则2：一旦面临“赏无可赏”的困境，可对有功劳的下属进行物质或精神奖励，作为权宜之计。对于看重实惠的下属，这一方法更为有用。

法则3：在行政等级受限时，可以对有功劳的下属赋予虚职，不提高实权，但是提高其物质待遇或政治待遇。如果既无实职，又无虚职，此时组织必须创设新的职位，但尽量不要改变整体行政等级序列。

第四部分：定考核

管理的核心是激励，而激励的基础是考核。准确的考核才能为激励提供依据，否则就会出现激励扭曲，甚至适得其反。在考核实践中，传统观念认为，应该“多劳多得，少劳少得”。然而，第 11 回将告诉你，在信息不对称的前提下，这很可能是错误的！很多企业坚持量化考核，奉 KPI（关键绩效指标）为圭臬，但第 12 回将告诉你，KPI 不是万能的，乱用 KPI 可能导致“捡了芝麻，丢了西瓜”！不少管理者认为，考核的方向就是将所有业绩客观量化，然后打分评价。然而第 13 回将告诉读者，不是所有事情都可以准确量化，在必要的时候管理者必须使用主观绩效评价，或者将客观评价和主观评价结合起来。

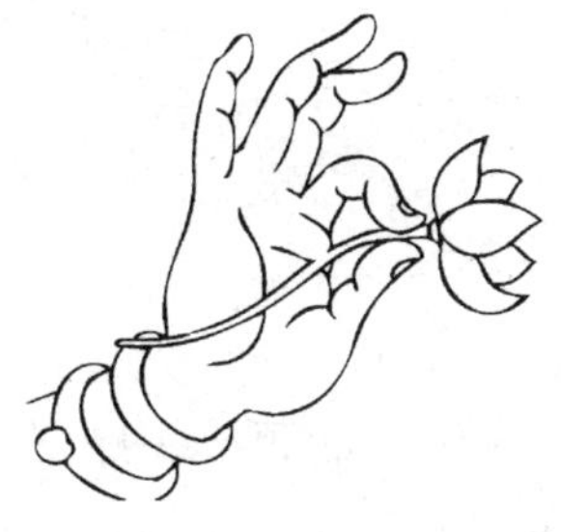

第 11 回

唐僧的困惑 1：多劳不该多得吗？

11.1 “多劳多得”未必对!

收入分配是每个员工乃至全体老百姓都关心的热门话题。一提到收入分配，大家就会想到“多劳多得，少劳少得”的按劳分配原则，或者说计件工资制度，这几乎是所有人都认可的共识。“多劳多得”对不对？既对，也不对！在信息对称的条件下，多劳多得没问题；但在信息不对称的条件下，多劳就未必应该多得！听到这里，取经团队的领导唐僧感到很困惑，他最近正在对几个徒弟实行绩效考核呢。

就让我们以西天取经团队为例。假设唐僧安排猪八戒和沙僧轮流挑担子，这是徒弟该做的工作。如果路面差不多，唐僧又能严密地监督八戒和沙僧挑担子，那么谁挑的路途远，谁付出的劳动就多，谁当然就该拿更高的工资。比如，八戒挑了100里路远，沙僧挑了50里路远，那么八戒的工资就该是沙僧的两倍。这就贯彻了大家理解的“多劳多得”的分配原则。

现在假设唐僧安排八戒和沙僧去化缘，这也是徒弟该做的工作。化缘与挑担不同，化缘需要翻山越岭，独自前往附近的村庄。此时，唐僧看不见徒弟工作的具体过程，徒弟完全可以偷懒，比如像八戒那样在路边先睡一觉，甚至自己先吃饱了再带些剩饭剩菜给等候的师父和师兄弟。注意，此时上级（师父）和下级（徒弟）之间就存在所谓的“不对称信息”。博弈论和信息经济学将信息不对称条件下当事人的偷懒行为称为“道德风险”问题。信息不对称和道德风险问题的存在，可能导致正常的收入分配原则完全失效，甚至适得其反。

现在，我们假设八戒化缘后，带回来8两饭菜，沙僧化缘后只带回来4两饭菜。唐僧可以认定八戒工作更努力，因此应该拿更高工资吗？不能这么简单地判断。这里有两种可能性。第一种情况是，八戒确实付出了很多努力，因此获得了更多饭菜，而沙僧努力不够，成绩不足。此时，八戒的报酬应该高于沙僧。第二种情况是，八戒去化缘的村庄，民风淳朴，乐善好施，而且农民生活

比较富裕，因此八戒先在路上美美地睡了一觉，然后花了不到 10 分钟就得到了 2 斤饭菜，接着自己先吃掉 1.2 斤，将剩下的饭菜带回给唐僧等人，还“抱怨”说今天化缘太困难了，累死累活才搞到了 8 两饭菜，大家将就着吃吧。而沙僧比较倒霉，所去的村庄民风彪悍，又非常贫困，敲了十几家的门，被吐了好几次唾沫，还差点挨了打，才求到 4 两饭菜，然后风尘仆仆赶回来敬献给唐僧师徒。对比一下，八戒运气好，还偷懒，结果业绩更好；沙僧运气不好，很努力，结果业绩更差。在这种情况下，如果老板仅仅根据业绩好坏来分配员工的收入，显然是完全错误的！

可见，在信息不对称的前提下，员工业绩未必反映员工的真实努力水平，也可能反映了运气。因此，如果仅仅依据业绩进行奖励，就会鼓励员工都去碰运气，在碰到好运气时甚至还可以偷懒，这其实鼓励了一种投机取巧和机会主义的不良倾向。这还会导致一些员工去游说老板，让老板给自己安排一个先天条件比较好的工作岗位或工作地点。员工的心思都花在内部“攻关”上了，都想走“上层路线”，就没法安心工作，这其实是一种浪费组织资源的“影响成本”（Milgrom，1988）。不管是机会主义行为还是影响成本，谁还有激励去努力工作呢？因此，准确地说，“按劳分配”的“劳”应该是“劳动产出”，即真正由员工付出劳动所带来的产出。那些不属于员工劳动投入所带来的产出部分，就不应该作为计算报酬的依据。问题是，在对员工业绩进行考核的时候，有什么巧妙的办法可以剔除那些非劳动投入带来的产出，或者说如何剔除运气的成分呢？

11.2　锦标赛剔除了运气

神奇的是，还真有一种办法可以剔除“劳动产出”中运气的成分，从而精确地考核员工的劳动投入贡献，这就是“相对绩效评价”（relative performance evaluation，RPE）。RPE 的基本原理是，让两个员工在同样的环境下工作，然后根据他们的相对业绩来分配收入。如果八戒和沙僧都去同一个村庄化缘，八戒能够找到 8 两饭菜，而沙僧只搞到 4 两，那就说明八戒确实没偷懒，沙僧确实没努力。如果说八戒是因为运气好，那么沙僧也应该享受到了好运气。因此，在同样的运气下，如果沙僧的产出还是比八戒少，那就只能归咎为沙僧努力不够了。可见，RPE 的最大功能，是通过相同工作环境的对比，剔除运气成分，显示员工的真实努力水平。在实际操作过程中，RPE 将一个员工的报酬分成两部分：一部分是固定工资，与个人资历、学历或其他条件有关；另一部分是奖金，根据该员工与其他员工的相对业绩来分配。

作为取经团队的领导，唐僧该如何运用 RPE 来考核八戒和沙僧的工作业绩呢？他可以这样设计两人的工资结构。首先，在固定工资部分，八戒入门早，资历老，因此起点工资高，比如说每月 2 000 元；沙僧加入取经团队的时间稍晚，每月固定工资略低，为 1 500 元。然后，在奖金部分，两人根据相对贡献分配总产出的一个比例（比如 50%）。例如，某年某月八戒的产出是 1 万元，沙僧的产出是 5 000 元，两人总产出是 1.5 万元，其中八戒的贡献为三分之二（约等于 67%），沙僧的贡献为三分之一（约等于 33%）。假设总产出的 50%用于分配奖金，那么八戒的奖金就是：1.5×0.5×67%＝0.5 万元，而沙僧的奖金是：1.5×0.5×33%＝0.25 万元，八戒的奖金正好是沙僧的两倍。加上固定工资，八戒的月收入为 7 000 元，沙僧的月收入为 4 000 元。

RPE 的原理比较简单，但相对贡献的计算方法略显复杂。第一，究竟应该拿出总产出的多大比例来作为员工的奖金？这个并无约定俗成的规律，也缺乏精确的计算方法，完全依靠经验法则，恐怕很大程度上与企业的固定成本、经营成本、预期利润率有关。第二，究竟每个员工的相对报酬如何量化？毕竟，有些劳动成果不能直接量化为金钱。譬如说，八戒和沙僧都去打妖怪，每个妖怪不可能相同，战斗难度不同，打败这些妖怪对取经团队的价值也不可能完全量化。又比如，甲乙两个员工都接待客户，甲一天接待了 5 个客户，乙接待了 8 个客户，究竟每个客户对公司有多大价值，也是短期内不可能量化的。

RPE 还有另外一个问题，就是老板可能通过操纵员工业绩违背奖金承诺。在上述甲乙员工的案例中，虽然甲乙两个员工都知道自己接待了几个客户，但

是每个客户是否最终跟公司签单，以及签单的金额、价格都属于商业机密，老板作为谈判和签约代表知道这些，但甲乙员工可能就不知道。此时，老板可能欺骗员工，说你们虽然总共接待了 13 个客户，但只有一半有合作意向，而且合作条件比较苛刻，导致公司没怎么赚到钱，因此这次的奖金就很少了。员工即便怀疑，也难以查实，此时老板实际上就剥削了员工，违背了根据实际产出的某个比例进行奖励的承诺。这样的情况在报酬难以量化的工作条件下经常发生（Fairburn and Malcomson，2001）。可见，RPE 也不是那么完美的！

那么，有没有一种办法，既可以通过相对业绩的比较剔除员工的好运气或坏运气，又能避免老板违约呢？有，那就是锦标赛（tournament）。锦标赛是一种简化的 RPE，它不考虑当事人的绝对业绩水平，完全根据当事人相对业绩的排序来决定报酬或奖金。它在体育比赛中被广泛应用。例如，田径锦标赛中，谁跑第一，谁就是冠军，第二名就是亚军，第三名就是季军。不管第一名跑多慢，哪怕他慢得像蜗牛，他都拿走最高奖金。与 RPE 相比，锦标赛有两个优点：第一，衡量相对业绩的方法非常简单，就是进行相对排序，而不必计算绝对业绩；第二，老板很难操纵业绩以及违背承诺，因为不管大家多差，都必须评出第一名，都必须给予奖励，再也不能因为员工绝对业绩差而拒绝兑现奖金了。因为锦标赛既能剔除员工劳动过程中的运气因素，又易于实施，因此普遍应用于各种比赛以及单位的绩效考核。

11.3　末位淘汰制不能乱用

经济学作为科学的一个基本特征是，没有完美的经济学理论，每个经济学理论都是有边界和适用范围的。正如列宁所说："真理哪怕往前多走一小步，也会变成谬误。"类似地，世界上没有完美的考核方法。锦标赛虽然使用简便，非常流行，但有效使用锦标赛必须满足两个前提条件。①

① 其实，锦标赛还有一个前提，可参考本书第 15 回第 1 小节"唐僧被三个徒弟骗了"。

第一个前提条件是，参与锦标赛的当事人必须起点公平。如果当事人起点不同，那么用相对业绩来决定报酬就是不公平的。假设唐僧让悟空和八戒比赛挑水。悟空身形瘦小，力气不大，如果不用法力，肯定挑不过身强力壮的八戒。这样的比赛一开始就是不公平的，自己再怎么干也比不过先天条件比自己好的八戒型员工，因此悟空型员工就失去了参赛的动力。起点不公平的锦标赛除了打击弱势员工的积极性外，更糟糕的是可能导致严重的内耗。作为悟空型员工，如果自己的对手老是轻而易举地超越自己，而且后天再怎么努力也无法弥补先天劣势，自己难免有朝一日要被扫地出门，他会怎么办？他很可能不把心思放在正规比赛上，而是想方设法给八戒型员工“挖坑”，破坏对手的业绩，向上司打八戒型员工的小报告。只有这样，弱势的悟空型员工才可能赢得比赛。例如，悟空型员工半夜去把八戒型员工的水缸给砸了，或者往水里投毒，又或者挑拨对方和上司的关系。如果是这样，锦标赛不仅不能有效地激发员工的努力，反而可能让组织陷入无休止的内耗之中。此时，与其使用锦标赛，还不如使用计件工资或者按劳分配。

第二个前提条件是，锦标赛仅仅衡量相对业绩，不能衡量绝对业绩。因此，如果一个组织需要比较不同小组的绝对业绩，那就不应该使用锦标赛。最近二十年，“末位淘汰制”一度非常流行。在末位淘汰制下，按相对业绩排名最后的几个员工就是“落后分子”，就要被单位淘汰出去。它其实就是一种锦标赛，只不过对最后几名只有惩罚没有奖金。不可否认，末位淘汰制极大地调动了员工的积极性，因为每个人如果不足够努力，都有可能成为最后一名，就面临被淘汰的危险。

但末位淘汰制完全忽视了绝对业绩，这会造成不同小组之间的不公平。设想这样一种情况，一个部门有两个小组，其中 A 小组都是熟练工，或者说业务素质相对较高，B 小组以非熟练工为主，业务素质相对较差。如果单位实行末位淘汰制，规定每个小组淘汰最后 5%。在这种制度下，尽管每个小组的成员都会很努力，但 A 小组再怎么努力，也都有 5%的人被淘汰，和 B 小组一样。但 A 小组被淘汰的 5%，其平均水平肯定高于 B 小组被淘汰的 5%，而且

很可能高于 B 小组中没有被淘汰的一部分人。这就意味着，一些绝对水平并不低的 A 小组成员被淘汰了，而绝对水平较低的 B 小组成员反而留下了。这对 A 小组公平吗？不公平！对一个单位而言，显然不仅在乎员工的相对水平（这反映了努力程度），也必须在乎员工的绝对水平（这反映了整体素质），因此，不能为了相对水平而牺牲绝对水平。否则，A 小组排名最后 5%的成员就会选择提前离开，以免自取其辱。依此类推，倒数第二个 5%的 A 小组成员也会选择离开，因为他们将是下一波"受害者"。继续推理，最后平均水平高的 A 小组成员将全部离开，或者一开始就集体跳槽，只剩下平均水平差的 B 小组，这就变成了"逆向淘汰"：该走的没走，不该走的全走了！

可见，符合前提假设的制度是好制度，好制度使懒人变勤奋；不符合前提假设的制度是坏制度，坏制度不仅不能优胜劣汰，还会导致逆向淘汰。

本节实用管理法则

法则 1："多劳多得"的计件工资制度未必合理。如果老板可以完全监督下属的劳动投入或劳动过程，那么多劳多得是合理的；如果老板不能监督下属的劳动投入，那么多劳未必应该多得，因为在信息不对称的情形下，员工的产出可能有运气的成分在内。

法则 2：在信息不对称的情形下，使用相对绩效评价（RPE）可以剔除运气的成分，揭示员工的真实劳动投入和产出。在实施 RPE 时，员工的收入由固定工资加奖金提成构成，其中固定工资与资历或学历挂钩，奖金则与相对业绩挂钩。

法则 3：锦标赛是一种简化的 RPE，它只关注相对业绩，不关心绝对业绩。但锦标赛的有效实行需要满足两个前提条件：第一，员工的起点必须类似，至少不能差别很大，否则会打击弱势员工的积极性，反而导致内耗；第二，如果组织不仅在乎相对业绩，也在乎绝对业绩，那么平均水平不同的两个小组之间不应该仅仅使用锦标赛，否则会打击平均水平更高的小组，甚至导致“逆向淘汰”。

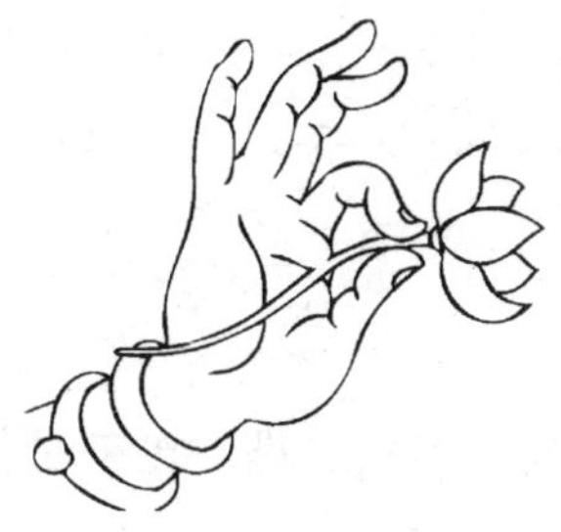

第 12 回
唐僧的困惑 2：KPI 怎么不灵了？

12.1 唐僧似乎找到了法宝

管理之难，莫过于奖惩；奖惩之难，在于考核；考核之难，在于量化。如果一切业绩都可以量化，就可以比较，那么奖惩就有了依据，管理就顺风顺水了。唐僧在西天取经过程中，一边当领导，一边琢磨管理艺术，边干边学，他似乎掌握了一些心得。

西天取经任务繁重，过程艰险，前途未卜，但是从管理流程的角度看，似乎要素非常清晰。首先，这个由一个"官二代"和四个"刑满释放人员"组成的创业团队有一个清晰的战略目标，就是到西天取得大乘佛经，传回东土大唐。把这个战略目标变成具体的任务，就是一路上需要解决交通问题、食宿问题、辎重问题、通关问题，以及最重要的人身安全问题。进一步，可以将这些任务分解到每个员工身上，根据员工的比较优势分担责任。唐僧负责这个创业团队的全面分工，同时分管通关业务；孙悟空主要负责安全问题；猪八戒主要负责运输辎重；沙僧主要负责化缘投宿；白龙马主要负责交通问题。最后，针对每个成员承担的任务，又可以找出几个关键环节。比如，食宿问题的关键环节包括早饭、午饭和晚饭，以及晚上住宿。抓住了每个人承担的每个任务的关键环节，然后制定指标考核这些关键环节，就能调动团队成员的积极性，最终必定能够实现总的战略目标。这不就是纲举目张、提纲挈领、高屋建瓴吗？唐僧想到这里，仿佛找到了管理秘籍，不禁踌躇满志，快马加鞭，感觉西天离自己越来越近了。

实际上，唐僧想到的这套考核方式，就是 1 300 多年后提出的"关键绩效指标法"（key performance indicator，KPI）。KPI 是通过对组织内部流程的输入端、输出端的关键参数进行设置、取样、计算、分析，从而把组织的战略目标分解为可操作目标的一种考核工具，是一套目标式量化管理指标。目前，KPI 已经成为企业绩效管理的基础。这种考核方法背后的假设是所谓的"二八

法则”：在一个组织（企业、政府等各类机构）的价值创造过程中，存在着“80/20”分布规律，即 20%的骨干人员创造了 80%的价值；在每一位员工身上“二八法则”同样适用，即 80%的工作是由 20%的关键行为完成的。因此，只要抓住 20%的关键行为，就抓住了绩效考核的重心。二八法则也叫“帕累托法则”（Pareto principle），是意大利经济学家帕累托发现的。①

12.2　KPI“捡了芝麻，丢了西瓜”

找到了管理法宝 KPI 之后，唐僧很是兴奋，在管理过程中全面贯彻执行。他首先给孙悟空下达降妖的任务，要求孙悟空每年降服或打杀妖怪至少 48 个，平均每月至少 4 个，而且必须包括至少 1 个大妖怪。然后给猪八戒规定任务，由于八戒是用人力运输辎重（挑担），脚程最慢，成为取经团队前进速度的短板，因此按十万八千里倒算，要求八戒每天必须至少行进 30 里路。接着，唐僧给沙僧下达指标，要求每天一般安排 3 顿饭，不得少于 2 顿，且必须包括 1 顿热饭。

看上去计划非常圆满，但是执行效果非常糟糕。先说孙悟空，他领了降妖指标之后，一门心思就想着怎么去找妖怪、打妖怪，以便提前完成任务。结果，悟空一看到妖怪二话不说就去追打，撇下唐僧他们不管。有些妖怪也不是吃素的，鬼精得很，往往虚晃一枪，然后杀个回马枪，当着八戒和沙僧的面掳走唐僧，让唐僧好几次险些被妖精煮熟吃掉。事后想想，其实这就是为什么西天路上妖精的调虎离山之计屡试不爽的主要原因。更让唐僧受不了的是，悟空作为取经团队的向导（毕竟只有他一个人提前去过西天灵山），不是去找到达西天的最快捷路线，而是去找妖怪最多的路线，这不是把师父往火坑里推吗！不仅悟空“坑爹”，八戒的行为也让唐僧恼火。这个呆子为了赶路，居然怂恿取经团队乘船沿水路进发，说是水路安全，也不用攀山越岭，更没有虎虫蛇

① 经济学中最重要的概念之一“帕累托最优”就是以他的名字命名的。

兽。结果，好几次在河里都遇到水怪，八戒和沙僧对付不了，悟空在水下又没法战斗，唐僧好几次都快被淹死，从此恨死八戒了。就连一向忠厚老实的沙僧也不让唐僧省心。运气好的时候，沙僧一天居然化了10次斋饭，然后要求大家一天吃5顿，剩下5顿都打包。沙僧的理由是，好不容易才碰到一次好人家施舍了热饭热菜，下一顿热饭菜还不知道猴年马月能碰到，不抓紧时间吃，他沙僧没法完成日均招待任务啊。你说说，这都是些什么人啊，这还是自己那几个忠心耿耿的好徒弟吗？这样下去，别说西天取经，恐怕没走一半唐僧的小命就没了！

暂且不管唐僧的抱怨，几个徒弟有没有做错？没有！因为他们都是理性人，都是按照既定的游戏规则，在约束条件下追求个人利益最大化，这恰恰是人类社会进步的基本动力。以悟空为例，既然目标是降妖数量最大化，当然要尽可能多地打杀妖怪，当然要找妖怪多的地方去。与此同时，对于那些非主要任务（打听行进路线或者解决当地居民的麻烦），以及对于那些不容易考核的任务（例如保护师父①），自然就没那么上心了。这不正是唐僧下达的KPI导致的激励效果吗？

唐僧的困惑无独有偶。著名的火锅连锁店“海底捞”的董事长张勇也有同样的困惑。② 当初海底捞为了鼓励服务员吸引回头客，曾经将“点台率”作为考核服务员的关键指标。当客人来店就餐时，点哪个服务员的次数越多，就代表客人的满意度越高，从而那个被点到的服务员奖金也就越高。这就是典型的KPI，听上去挺合理，但结果事与愿违。很多服务员为了赢得更高的点台率，不惜利用手中的赠品权给客人免费赠送黄豆、豆浆、小菜等各种食品，而且服务员之间相互攀比，看谁给客人送的东西多。结果可想而知，以点台率为指标的KPI考核方式导致了服务员之间的恶性竞争，服务员的点台率是上去了，但是分店的成本也上去了，利润率也下来了。另一个曾经用过的指标是分店的利润。由于总部控制了选址、装修、菜式、定价和工资等大项支出，分店为了

① 因为此类任务难以量化，唐僧甚至没有将其纳入KPI体系！

② 关于“海底捞”管理模式的评价，请参考聂辉华、党力（2013）。

提高利润，就拼命在小项支出上节约成本，结果导致该换的扫把没有换，该送的西瓜没有送，该提供的毛巾也没有及时更新。结果导致分店变相地降低了服务质量，长期来看减少了客人，实际上是“捡了芝麻，丢了西瓜”。就是因为担心“考核什么，才关注什么”，海底捞将什么目标管理、KPI、平衡计分卡这些流行的考核方式通通扫地出门。

既然员工没错，那么过去的唐僧和今天的张勇做错了吗？是的！

12.3　多任务要求重新设计 KPI

唐僧和张勇没有搞明白的是，有问题的不是考核指标本身，而是设计考核指标的方式。考核的本质，就是要通过考核指标引导、规范、激励被考核者的行为，从而实现预定目标。从这个意义上讲，“考核什么，才关注什么”并没有错。相反，如果考核什么，员工不关注什么，那才说明考核指标设计不合理。

无论是唐僧给取经团队设计的 KPI，还是张勇给海底捞设计的 KPI，它们之所以扭曲了员工的激励，导致了适得其反的效果，是因为他们忽略了团队生产过程中的一个重要特征：员工存在“多任务冲突”。在现实中，几乎没有哪个组织的员工只承担一项任务，而往往要承担多项任务。比如，孙悟空不仅要降妖除怪，还要保护师父，必要时还给取经路上的官员百姓解决一些小麻烦；猪八戒不仅要挑担，还要协助悟空降妖；沙僧不仅要化缘，也要协助悟空除怪。哪怕是白龙马，虽然主要任务是驮送唐僧，必要时也得保护唐僧，以及通风报信。

在一个组织中，员工不仅要承担多项任务，而且多项任务之间有时是相互冲突的，做了这件就没法做那件；有时又是相互补充的，这件做好了，那件也更容易做了。就好比一个大学教师，既要教学，又要做科研。对于公共课（比如《经济学原理》）来说，教学和科研基本上是相互冲突的，教课花的时间多了，科研花的时间就少了，毕竟每个人只有 24 小时。但是对于一些前沿课

（比如我讲授的《契约理论》）来说，科研做得越好，对前沿知识越了解，教课就越轻松，反过来，如果学生能够与老师互动，探索前沿问题，也有利于老师的科研，这就是所谓的“教学相长”。

如果一个员工要承担多项任务，那么又该如何设计 KPI 呢？在契约理论或者激励理论中，有一个著名的“多任务代理模型”（Holmstrom and Milgrom，1991）。该模型告诉我们，如果一个员工同时承担相互冲突的两项任务，其中一项容易考核（例如打死的妖怪数量，或者火锅店的点台率），而另一项不容易考核（例如保护唐僧，或者进行服务水平的创新），那么员工就会出现道德风险问题，典型的表现就是将主要精力都花在容易考核的任务上，而忽视不容易考核的任务。因此，为了减少员工的激励扭曲，企业管理层可以给员工提供低能激励（low-powered incentive），就是提高固定工资水平，减少奖金比例。背后的逻辑是，如果员工拿的是固定工资，他就没必要把精力都花在一项任务上，而会将精力平均分摊在两项任务上，让两项任务给自己带来的边际报酬相等。

有趣的是，如果两项任务是互补的，那么管理者只需奖励容易考核的任务即可，员工自然会同时重视不容易考核的任务。对于火锅店而言，点台率（服务态度）和利润率这两个关键考核指标本身并没有什么问题，但是如果仅仅考核某个指标就会出问题。一个改进的方法是，因为长期利润率与服务态度是正相关的，所以可以直接考核一个分店的长期利润率，毕竟利润比服务态度更容易考核。例如，以一年的利润率为主要考核指标，以季度或月度利润率和服务态度为参考指标，这样长期和短期都可以兼顾。这就可以理解，为什么越是好的大学，越是相对重视科研，因为科研水平提高了，教师自然可以将学生带到学术前沿，两者相得益彰。

 本节实用管理法则

法则 1：KPI 有效的前提是，关键指标对于业绩成败乃至组织运营具有决

定性的作用。如果关键绩效指标不能起到提纲挈领的作用，就不应该只盯住关键绩效指标。

法则 2：KPI 不是万能的。如果一个员工要承担多项任务，而多项任务之间存在一定程度的冲突，那么员工就会在多项任务之间“套利”，将主要精力花在容易考核的任务上，而忽视不容易考核的任务。有时，恰恰是那些不容易考核的任务，或者因为难以量化而没有纳入 KPI 的任务，反而决定了团队的绩效。此时，设计不当的 KPI 会导致严重的激励扭曲。

法则 3：应该根据员工承担的多项任务的性质，重新设计 KPI。如果员工承担的两项任务之间存在替代关系，那么应该实行低能激励，即以固定工资为主，以少量奖金为辅；如果两项任务是互补的，那么管理者可以仅仅考核其中一项容易考核的任务。

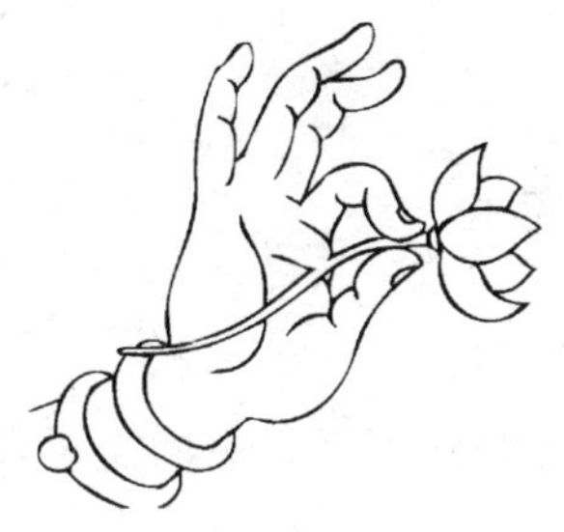

第 13 回

唐僧的困惑 3：什么时候用主观评价？

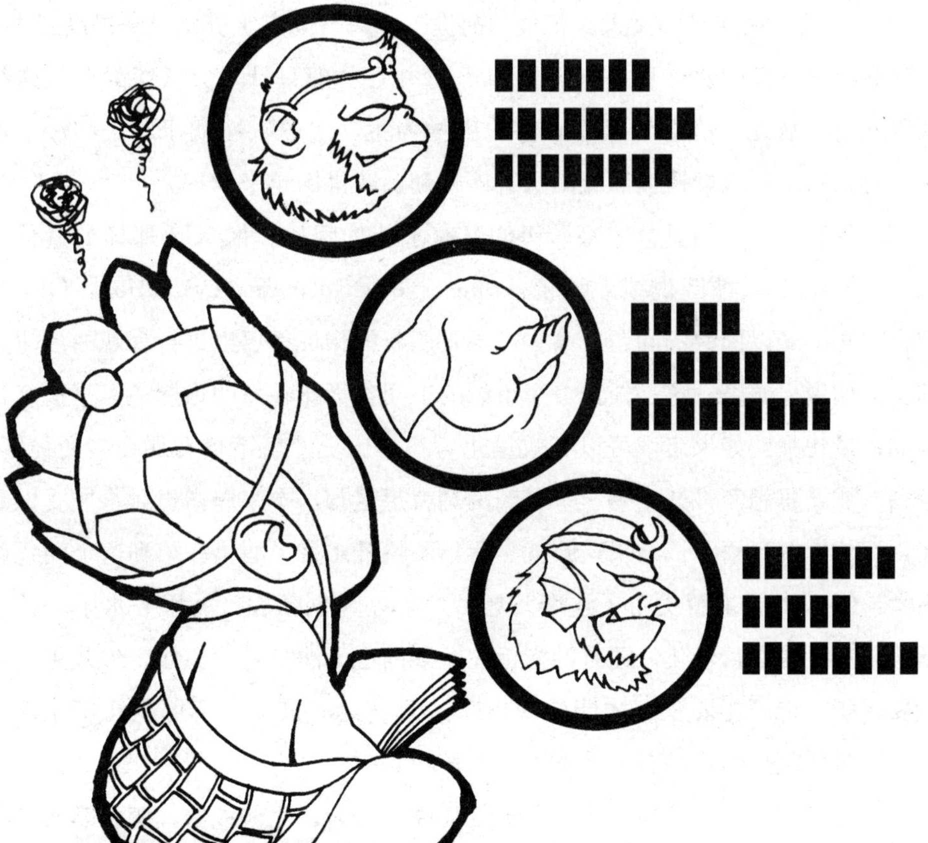

13.1 不是所有业绩都能量化考核

从一个只会念经的文弱书生，到一个深谋远虑的管理者，唐僧需要经历一个破茧成蝶的过程。一开始，抓住了 KPI，表明唐僧已经触及了管理的核心环节。之后，唐僧认识到，对于承担多项任务的团队成员而言，KPI 必须根据多任务的性质重新设计。例如，孙悟空的主要任务改为保护唐僧和降妖除魔，而不仅仅是降妖。鉴于“保护”本身难以量化，但“降妖”可以，唐僧给悟空设计的 KPI 是：在保护师父人身安全的前提下，每月固定工资比原来提高 50%；每降服一只妖怪的奖金比原来降低 50%，并且一般只针对大妖怪的数量进行适当奖励。从此，悟空就以专心保护唐僧为主，一般妖怪就让八戒和沙僧出手，自己只对付大妖怪。取经团队进展顺利，离灵山越来越近。

伴随管理实践的日益丰富，唐僧又有了新的困惑。像 KPI 那样的量化考核，本质上是一种客观绩效评价（objective performance evaluation，OPE），它存在几个难以回避的问题。第一，不是所有的指标都可以进行客观的量化处理。比如说忠诚度，这是任何一个组织的上司都无比在意的指标，但是这个指标如何量化呢？如果忠诚可以有效量化考核，历史上就不会有那么多叛徒了。像猪八戒，思想经常开小差，一遇到困难就想退却。本来唐僧想对八戒委以重任，让他牵制孙悟空，结果这厮就是死猪不怕开水烫。唐僧一想到这个问题就头大，但 KPI 根本解决不了这个问题。此外，像创新程度、服务水平、社会影响，都无法进行量化。还有的指标在短期内也无法量化，比如广告效果，可能要一年，也可能要三年才能体现出来，但量化考核工作不可能几年才搞一次，有时任期短的管理者也等不了这么长的时间。

第二，量化考核容易导致短期的机会主义行为。比如沙僧，蛮忠厚的一个人，不过就是性格粗鲁了一点。让他去化缘，以筹到的饭菜数量和质量来考核他，这本来没有问题。谁知道，有时在鸟不拉屎的山沟里，他怕化缘的任务难

以完成，竟然急躁得跟施主差点吵了起来。据悟空私下汇报，沙僧有时对软弱的施主横眉竖目，有恐吓之嫌，导致筹到了饭菜，却丧失了民心。沙僧的这种急功近利行为，短期虽然完成了任务，但是长期来看严重损害了东土大唐乃至西天灵山的美誉，要是唐太宗李世民或如来佛祖追究起来，自己是要承担领导责任的！

其实，唐僧遇到的困惑，在现代企业管理中普遍存在。例如，世界著名的亨氏公司曾经规定，员工的奖励以年度业绩同比增长为基础。结果，一些员工操纵数据，将还没有入账的业务计入今年，导致业务增量提高以便获得更多奖金。据说，中国官场一个普遍的“潜规则”是，新官上任都要压低前任领导的 GDP 统计量，美其名曰“挤水分”。背后的原因是，压低前任政绩，才能凸显现任领导的同比业绩！至于量化考核所导致的短期机会主义行为，在很多地方那简直就是和尚头上的虱子——明摆着的。例如，中国医院的一个体制性弊端是所谓的“以药养医”，就是医生的奖金主要来自卖药的提成收入。于是，不管患者有多大毛病，接诊医生一律要求患者做各项检查，什么心电图、B 超、CT，统统做一遍，导致了医疗资源和医疗费用的大量浪费，过度检查甚至给患者的健康带来负面影响。还有一个令人诟病的过度检查就是修理行业。在汽车 4S 店，只要汽车开进来，维修工就会想方设法让你更换更多零部件，因为维修费越高，他的奖金越高！

13.2　主观绩效评价容易产生马屁精

其实，除了客观绩效评价方法，还有一种考核方法叫“主观绩效评价”(subjective performance evaluation，SPE)。SPE 和 OPE 是两个极端。SPE 专门用于考核那些不容易客观量化的指标，例如忠诚度、创新水平、服务质量以及产品美誉度等等。需要说明的是，主观绩效评价虽然是对一些关键指标进行主观评价，但评价手段也可以量化。SPE 和 OPE 的差别不在于评价手段，而在于评价内容。例如，流行的“360度评价”方法就对某些主观指标采取了量化方式。在发给员工的量表上，可能有这么一道题目：您认为本单位的老板具备亲和力吗？A. 非常同意；B. 比较同意；C. 同意；D. 不同意。员工必须从中选择一个选项，然后考核人员会将A～D四个选项转换为对应的分数（这个过程叫编码化），例如A对应于4分，B对应于3分，C对应于2分，D对应于1分，这样才能将所有员工的主观评价进行加总，并且在不同的被评价对象之间进行比较。

了解到OPE和SPE之间的差别后，唐僧若有所悟，心想：既然有些指标难以进行客观量化考核，那何不试试主观量化考核？于是，唐僧宣布，要定期对徒弟们进行主观绩效评价，评价项目主要涉及“德、能、勤”三个方面。本来还有第四个方面“绩”，但既然业绩相对容易客观量化，就保留了原来对业绩进行客观绩效评价的做法。评价方式很简单，由取经团队领导唐僧本人亲自操作，采取RUC弗雷德管理咨询公司开发的员工评价表，每周一次给悟空、八戒和沙僧三人逐项打分，每月汇总一次，取平均分，然后根据三个徒弟的平均分排名进行奖励或惩罚。这其实是将主观绩效评价和锦标赛结合起来了。据说，RUC弗雷德公司设计的主观评价表采取国际通用标准，对每个关键指标进行分解，然后进行编码。对方还专门派了首席顾问牛博士来现场讲解，什么“系统误差”、“随机误差”、“效度”和“信度”，听得唐僧如坠五里雾中。其实，操作起来很简单，就是领导凭主观印象给下属打个分数。例如，“德”包括政治立场、廉洁程度、个人品德三个方面，每个方面有四个选项：A. 非常好；B. 比较好；C. 一般；D. 较差。每个选项对应一个分值，例如A就是4分。

实行了主观绩效评价不久，唐僧便感到洋洋自得。作为取经团队的领导，他感到了一些明显的变化。首先，再也没有人敢于质疑他的决策了，领导个人权威得到空前巩固。以前，路上碰到一个柔弱的美女，唐僧总想帮忙，八戒总想揩油，而孙悟空总说对方是妖精，虽然事后证明孙悟空是对的，但总是让唐僧当场下不了台，严重折损了作为领导的权威。现在，孙悟空好像换了一个人似的，好几次看到妖精装扮的美女，既不气恼，也不打杀，任由唐僧发善心。

结果，妖精好几次成功地利用了唐僧的心软和猪八戒的好色，把唐僧诱拐了好几次，使唐僧险些丧命！唐僧事后严厉地批评了孙悟空，说他没尽到保护师父的责任，但孙悟空每次都说，我是完全按照师父您的指示精神办事的，您说不让打，我就坚决不打，不然每周考核时您又要给我“差评”了。哦，原来如此，怪不得这猴子突然变得乖巧了，说到底还是惧怕我这个领导的主观评价啊，唐僧一想就释然了。其次，下属对待上司的热情程度显著提高。孙悟空对唐僧更加恭敬了，至少表面上是这样。猪八戒的嘴更甜了，原本老猪就是溜须拍马的高手，不然唐僧早就拿他开刀了，光是上班时间睡懒觉这一条就足以对猪八戒的“勤”进行一票否决。最有意思的是，连老实本分的沙僧都学着拍唐僧马屁了。比如，上一次唐僧被女妖精迷惑，耽误了取经行程，还导致了徒弟负伤，这本来是件很不光彩的事情。结果，你猜沙僧怎么说？他说，经过这次事件，锻炼了取经队伍，考验了取经决心，增进了同事感情，就差点说要评个“抢险英雄”了。虽然觉得有点儿别扭，但唐僧听着好像还蛮有道理！再次，团队中打小报告的人增多了。以前，孙悟空看猪八戒不满，会当面指责。现在，他们三个徒弟谁也不公开批评别人了，都改为背后向唐僧打小报告了。比如，昨天晚上睡觉前，猪八戒偷偷溜到唐僧宿舍，说是“汇报工作”，其实就是说孙悟空背后批评唐僧领导无方，还说沙僧也点头同意。唐僧一开始挺反感这种不光明磊落的行为，但听了几次之后，觉得必须掌握一些幕后情况，否则如何进行主观评价啊？

好景不长。唐僧越来越觉得不对劲。表面上看，取经团队师徒关系一片和谐，但心里一想，觉得危机四伏。没有人提异议，意味着他自己必须作出绝对正确的判断，否则一旦决策失误，他唐僧第一个要承担领导责任。大家都拍马屁，意味着唐僧可能得不到真实信息，这就容易导致决策失误。[①] 相互打小报告本来就不是光彩的事情，会严重破坏同事之间的团结。经过了几次决策失误之后，唐僧对主观绩效评价越来越不信任了。可是，客观绩效评价也不完美，

---

① 如果创业团队中存在马屁精，应该如何管理？可参考本书第 2 回《团队需要猪八戒这样的马屁精吗？》。

又不可能有第三种评价方法。怎么办呢？唐僧陷入了深深的困惑之中。

 13.3 主观与客观评价如何结合？

客观评价也不行，主观评价也不行，你让唐僧怎么办？既然两种方法都不完美，那么一个可行的办法是，将主观绩效评价（SPE）和客观绩效评价（OPE）两种方法结合起来，取长补短。问题是，在什么情况下适用 SPE，在什么情况下又适用 OPE，在什么情况下两种都要用？

1994 年，哈佛大学商学院和 MIT 商学院的著名经济学家 Baker 等人在世界顶级的《经济学季刊》（QJE）上发表了一篇非常复杂的论文，对上述复杂的问题提供了几条解决思路（Baker et al.，1994）。首先，他们把 SPE 看作是一种上司（雇主）和下属（雇员）之间长期博弈的隐性契约（implicit contract）。因为上司对一个下属的主观评价需要一个过程，不太可能在短期内凭第一印象就准确作出。如果下属忠诚、勤奋、聪明，上司就会给予较高评价。否则，下属如果觉得自己的才能被埋没，或者没有得到公正的评价，就会选择离开。之所以说这种上下级评价关系是一种隐性契约，是因为这种主观评价（"很好"、"一般"等）是双方都知道但是不可能证实的信息。好比说，孙悟空虽然嘴巴子厉害，但内心对唐僧其实很尊敬，经过一段时间的磨合之后，唐僧也知道这点。但如果唐僧对孙悟空不满，他完全可以对孙悟空的德行作出"较差"的评价，孙悟空就算起诉到法院，法院也没法证实孙悟空的德行究竟是不是属于"较差"一类。既然主观绩效评价是基于长期博弈的隐性契约，那么就更适合在长期中作出评价。相反，OPE 就是一种即时评价机制，是建立在显性契约（explicit contract）基础之上的。好比沙僧化缘的绩效，完全可以用多少顿饭、多少次住宿来计算，这种客观指标度量的结果通常不会引起争议，当然就可以在短期内计算清楚，没必要在长期中计算。

在此基础上，他们的论文提供了三个洞见。第一，如果 OPE 本身是接近

完美的，那么就没有必要使用 SPE，即管理者应该优先使用客观绩效评价。所谓“完美”，就是这个指标本身没有太多噪音，或者用统计学语言来说，就是这个变量的标准差很小，波动幅度不大。一般来说，在“德、能、勤、绩”中，“绩”这个关键指标相对更容易客观地量化。好比对于沙僧的“绩”，唐僧完全可以用化缘到的饭菜数量和住宿次数进行量化考核。大家都是每天三顿饭，每天睡一觉，唐僧师徒作为出家人对饭菜和住宿本来就不应该挑剔，因此这些指标几乎是沙僧提供后勤保障水平的完美测度。在这种情况下，唐僧就没必要让师徒几人对饭菜口味、质量进行主观打分，否则众口难调之下，沙僧一辈子也得不到好评。在这个意义上，OPE 和 SPE 是相互替代的关系。

第二，短期的雇佣关系主要用 OPE，长期的雇佣关系才考虑用 SPE。如果上下级之间、雇主和雇员之间，或者委托人和代理人之间的关系是短暂的，或者说是一次性博弈，那么就只能使用客观绩效评价。为什么呢？假设孙悟空只是临时护送唐僧一周，此时采取主观方法考核孙悟空的“德”就会出现两个问题。首先，唐僧对孙悟空根本不了解，短期内只能凭第一印象判断。遗憾的是，孙悟空长着一张雷公脸，尖嘴猴腮，很难给人留下良好的第一印象，这导致唐僧对其主观评价很低。其次，就算孙悟空在这一周内尽职尽责，跋山涉水，劳苦功高，如果唐僧对孙悟空有偏见，或者想剥削下属，也仍然可以给予孙悟空“较差”的主观评价。反正两人的雇佣关系就是一锤子买卖，孙悟空就算有天大的不满，既无法申冤，也无法报复，只好认栽了。换言之，在短期关系中使用主观绩效评价，可能导致上司对下属敲竹杠！如果是长期关系，今天上司要是剥削下属，明天下属就可能撂挑子不干，或者后天就想方设法报复上司，这种长期关系为双方创造了一种对称的“威慑均衡”。在《西游记》中，唐僧师徒之间显然是长期的合作关系，而且是观音菩萨安排的一种隐性契约：徒弟们送唐僧到西天取经，表现得好不仅可以脱罪，而且有望在佛界获得正式编制，甚至成佛。因此，唐僧对取经团队成员的考核，应该以主观绩效评价为主，以客观绩效评价为辅。俗话说，“路遥知马力，日久见人心”，其实说的就是主观绩效评价。

第三，如果主观绩效评价是不完美的，引入一个不完美的客观绩效评价，可以改善评价效果，此时两种考核方法是互补的。这一条道理很好懂。如果没有一种评价方法是完美的，那么就将两种评价方法结合起来。对于那些容易客观量化且短期内可以见到成效的绩效，应该主要采取客观绩效评价；对于那些短期内不容易考核的指标，可以采取主观绩效评价。然后，在鉴定奖惩时，将两种评价结果综合起来，选择适当的权重，这比采取单独的 OPE 或 SPE 都更好。

 本节实用管理法则

法则 1：没有绝对完美的评价方法！客观绩效评价容易导致数据操纵以及短期机会主义行为，而主观绩效评价容易导致拍马屁和扭曲信息。管理者必须清醒地认识到这点，切忌迷信任何一种考核方法。

法则 2：短期内以使用客观绩效评价方法为主，长期内可考虑使用主观绩效评价方法。如果关键指标容易客观地量化，不会产生很大误差，那么长期内也可以使用客观绩效评价方法。但对于难以量化的指标，例如忠诚、创新、社会影响等，应该在长期内采取以主观绩效评价为主，必要时在短期内采取以客观绩效评价为辅。不要在短期内采取主观绩效评价，这容易导致测度误差以及上司的机会主义行为。

法则 3：如果主观或客观绩效评价方法都不完美，那么可以结合使用，但应有所侧重。一般来说，针对级别较低的员工，更多使用客观绩效评价，因为他们的工作通常可以量化，并且误差不会造成系统性影响。针对较高级别的员工，更多使用主观绩效评价，因为他们的行为后果通常会有长期影响，而且客

观度量所产生的误差可能会导致系统性偏误。举例来说，考核流水线上的员工，可以核算其工作小时数，但考核一个总经理，显然不能看打卡时间（客观指标），而应该看长期销售业绩、对公司的忠诚度及其与政府和供应商的关系（主观指标）。

第五部分：分权力

精明的管理者知道如何使用权力，而高明的管理者知道何时不用权力。作为创业团队的管理者，上司不可能事无巨细、事必躬亲，否则，即便像诸葛亮那样足智多谋、鞠躬尽瘁，也无法光复汉室。第 14 回将告诉读者，授权可以有效激励下属，可是为什么唐僧不授权给孙悟空呢？第 15 回将从唐僧的角度出发，阐明在权力的使用过程中，如何避免被几个精明过人的下属合谋欺骗。第 16 回将讨论一个组织永恒发展不可避免的阶段：选择接班人。其实，这才是一个组织的领导最重要也是最棘手的事情。第 17 回将告诉读者，如果最高层权力安排不恰当，那么管得越多可能结果越糟糕，而且越管不住。

第 14 回

唐僧为什么不授权给孙悟空？

14.1 唐僧凭什么当领导?

一部《西游记》，讲的不仅仅是西天取经的神话故事，实际上也是一个“官二代”带领四个“刑满释放人员”成功创业的励志故事。对于《西游记》的五个主角——唐僧、孙悟空、猪八戒、沙僧和白龙马，我相信多数人喜欢孙悟空，因为他神通广大、聪明伶俐，又有革命精神。相反，多数人讨厌唐僧，因为他手无缚鸡之力、优柔寡断、善恶不分。如果以取经的效率作为判断标准，肯定是让孙悟空领头最合适。问题是，取经项目的始作俑者如来佛祖和执行者观音菩萨，主要的目的并不是取经，而是传经。要在东土大唐（属于“南赡部洲”）找一个合适的人广为传播大乘佛经，并发展更多的信众，这个使命还非唐僧莫属。我认为，唐僧能当取经团队的领导，是因为他拥有以下几个独一无二的绝对优势。

第一，出身好。唐僧出身可谓绝对的根正苗红，是一个标准的“官二代”。他外公殷开山是丞相，相当于总理，父亲陈光蕊是科举状元，后任文渊殿大学士（从四品），相当于厅级干部。更重要的是，他还是金蝉子转世，属于如来佛祖的弟子。无论是人间还是佛界，唐僧都是彻底的“革命接班人”。不要小看出身，高贵的出身不仅决定了赢在起跑线上，而且有助于个人建立领导权威。著名社会学家马克斯·韦伯认为，权威有三种类型：传统型权威，主要通过皇权、宗族势力继承；魅力型权威，主要依靠个人才能和品格获得；法理型权威，主要依靠法律制度和官僚体制实现。唐僧作为豪门子弟和佛祖门生，从出生那天开始就注定了他将来会拥有传统型权威。相反，孙悟空无父无母，就是一个野孩子；猪八戒、沙和尚和白龙马虽然都曾是天兵天将或者皇族贵胄，但毕竟眼下都还是戴罪立功的刑满释放人员。要是放在工作难找的今天，这几个人恐怕连“政审”都过不了，还想当公务员、做领导？单说这一关，就只有唐僧是当领导的唯一人选。

第二，合法性。孔子曾说："名不正，则言不顺；言不顺，则事不成。"像西天取经这样一件能够消除唐太宗噩梦的重大使命，同时又要挂出"普度众生"的道德招牌，显然必须找个德高望重的人去执行。唐僧在寺庙长大，自幼研习佛法，长大后成了得道高僧，成为主持超度亡灵的皇家水陆法会的主持人。后来观音菩萨化身，说唐僧念诵的是小乘佛法，无法彻底解决唐太宗的心头大患，必须到西天去求取大乘佛法。可见，帮唐太宗解决难题的本来就是唐僧。也只有他去求取真经，并且最好是历尽劫波，唐僧才会珍惜真经，然后通过他的传播才能让大家信服真经，如来佛祖在东土扩大势力范围的战略目标才能实现。除了唐僧，孙悟空他们几个连大唐的公民都不是，就算取了真经，大唐举国上下谁会信服呢？谁又能帮助传经呢？本来信仰就是"信则灵"嘛。从这个角度讲，唐僧又具备了法理型权威，因为他拥有在体制内取经和传经的身份。

第三，形象好。当领导就得经常出镜，要出镜自然要形象好、气质佳。唐僧在这方面禀赋天成，按现在流行的话说是绝对的"高富帅"。孙悟空、猪八戒和沙僧这方面就别提了。好几次，师徒几人要在百姓家化斋或借住时，相貌丑陋凶恶的孙悟空或猪八戒都吓得人家闭门不出，最后只好由唐僧亲自出马才搞定。出家人若是连化缘都失败，如何能担任取经团队的领导呢？形象好，有魅力，容易得到善男信女的崇拜，天下"粉丝"（fans）一大堆，这不就是魅力型权威吗？唐僧一人集三种权威于一身，还有比他更合适的领导吗？没有！

唐僧还有其他优点，例如虔诚信佛、意志坚定、品性温厚，这些也是当领导的基本素质。但这些素质还不是唐僧独有的，因为其他几个徒弟或多或少也都具备这些方面的品质。

14.2　果断授权能够激励下属

尽管唐僧天生具备领导潜质，但潜质毕竟不等于能力。适合当领导者，未必就是一个好领导。在西天取经过程中，好几次孙悟空打死了伪装的妖精，唐僧都听信猪八戒的谗言，误以为孙悟空滥杀无辜，要赶走孙悟空。例如，孙悟空三打白骨精，唐僧念了紧箍咒，赶走了孙悟空；孙悟空识破了红孩儿的诡计，唐僧不相信，结果自己被掳走。跟孙悟空比，唐僧不会武功，不善谋略（当然偶尔也有点小狡猾），不够果断，这些都是他执行取经任务的根本障碍。但唐僧偏偏又注定要当领导。一个人有本事但没权力，另一个人有权力但没本事。怎么办?

解决这个矛盾的办法之一，就是有权力的人授权给有本事的人，这样前者保持了尊严，后者发挥了才干，这不就是“帕累托改进”（Pareto improvement）吗？经济学家最喜欢的标准就是帕累托标准。但凡能够实现帕累托改进，就连反对经济学的其他学科的专家都不得不承认，帕累托标准是一个在道德上和效率上都无可挑剔的完美标准。

在现实中有很多成功授权的案例。1995 年夏天，著名家电企业格力集团的销售量急速膨胀，但是财务出现很多漏洞。例如，一本账册上的应收账款高达 5 000 多万元，相当部分无法追回，其中济南一家企业欠账 100 多万元，但格力内部竟然拿不出任何有效凭证，也无法追查责任人。时任格力集团经营部部长的董明珠主动请缨治理财务问题。董事会果断向其授予公司全部对外财权。之后，董明珠在公司内部进行了“刮骨疗毒”式的整顿，建立了严格的财务制度。董明珠上任经营部部长一年，格力的销售额即在业内从第 8 位跃升到第 2 位。这次授权，为她后来接任格力集团董事长打下了坚实的基础。

相反，如果老板一味集权，不懂得合理授权，可能导致企业后继无力，甚至退出市场。王安公司曾是美国一家著名的华裔 IT 企业，就是它推出了驰名中外的 WPS（文字处理系统)。20 世纪 80 年代中期，个人电脑（PC）开始流行，王安的打字机系统开始跟不上时代的节奏。此时，他已经年近七十，按理应该及时授权或者提前培养接班人。但是，王安受中国传统文化的影响，把公司交给三十多岁而且并不懂行的大儿子王列管理，而不是曾经的创业元老。董事会对王列失去信任，大批参与创业的高管又在关键时刻离职而去。这对王安

公司无异于雪上加霜，王安公司从此元气大伤，连年亏损，终于在 1999 年被人收购。

14.3　唐僧为什么不授权？

既然授权是一种双赢的策略，唐僧为什么不授权给孙悟空呢？我的解释是，有时授权会损害授权者的利益，或者损害授权者的权威，因此并不是所有的授权都是帕累托改进的。尤其是在《西游记》这个具体的案例中，唐僧不太可能授权给孙悟空。我先提出一个新古典经济学的解释，然后提出一个行为经济学的解释。

在上下级关系中通常存在信息不对称，就是上级并不总是知道下级是否努力（道德风险问题），是否说真话（逆向选择问题）。在信息不对称的前提下，上司是否应该授权给下属呢？这是契约理论的核心问题之一。美国哈佛大学经济学家阿庚（Aghion）和法国图卢兹第一大学经济学家梯若尔（Tirole）1997 年在《政治经济学杂志》（JPE）上发表了一篇非常著名的文章。假设面对一个投资项目，上司和下属有不同的偏好和利益，他们都可以花费努力去收集关于项目的信息。上司可以自己决定是否执行这个项目，也可以完全听从下属的建议（此时授权发生了）。他们的主要结论是，授权的好处是能够激发下属努力的积极性，因为下属可以选择一个对自己更有利的项目，从而获取一些私人收益（比如借机照顾自己人）。但授权的坏处是，也许下属选择的项目不符合上司的偏好，从而会损害上司的利益。因此，如果上司和下属之间利益分歧比较小，那么就应该充分授权，否则就不应该授权。

按照契约理论的逻辑，唐僧不应该授权给孙悟空，因为唐僧和孙悟空除了取经目标一致，在其他方面完全是两类人，有着明显不同的偏好。孙悟空的如意算盘是，在完成取经目标的前提下，最好是多打死几个妖精或歹徒，这样一方面满足了他好斗的本性，另一方面增加了他取经路上的功果，将来到如来那里可以得到更多奖赏。事实上，在取经完成、论功行赏时，如来对孙悟空说："[汝] 在途中炼魔降怪有功，全始全终，加升大职正果，汝为斗战胜佛。"（第743页）可见，如来是对孙悟空等人实行绩效考核的，多劳多得，少劳少得。但是对唐僧而言，出家人以慈悲为怀，如果可以取到真经，能不伤人便不伤人。例如，在"三打白骨精"那回，孙悟空打死了伪装成妇人的白骨精，唐僧气得念起了紧箍咒，还说"出家人时时常要方便，念念不离善心，扫地恐伤蝼蚁命，爱惜飞蛾纱罩灯。"（第199页）一个不打，一个要打，这就存在严重的利益冲突。换句话说，唐僧和孙悟空在除妖方面是激励不相容的，而且无法通过任何方式来解决这种矛盾。试想，在这种情况下，如果唐僧授权给孙悟空，允许孙悟空决定取经路线、斗争策略和人员调配，后果对唐僧恐怕不堪设想。在现实中，也不是所有的企业都有授权，授权多的通常是家族企业。原因就是，在家族企业里父子或亲戚之间利益比较一致，被授权的下属不会作出对授权的上司不利的行为。这也可以解释，为什么常常是"打虎亲兄弟，上阵父子兵"。当然了，被授权的家族后代未必都适合当接班人，但这是另一个问题。

主流的新古典经济学主要是以理性的成本—收益分析来解释博弈者的行为，而行为经济学则是从心理学的角度来解释博弈者的行为。最新的行为经济学文献认为，如果上司频繁授权给下属，会给下属形成一种无能的印象，久而久之就失去了领导的权威，因为权威在某种程度上是一种心理反应。下属服从一个上司，是因为下属相信上司比他更厉害。如果有一天，下属发现上司水平不行，决策失误，缺乏主见，下属可能就会觉得上司不配再当上司，要么离开，要么反抗，甚至取而代之。一旦预见到这种后果，上司就不会轻易授权给下属。聪明的上司，面对自己不熟悉的问题，往往并不先发表意见，而且不让下属猜测到自己的真实看法，而是喜欢诱使下属先发表看法，然后选择性地听从或肯定。如果决策事后证明是正确的，就说明上司很英明；如果决策事后证明是错误的，上司可以借此批评下属提供了错误的意见。反正，上司永远是正确的。有时候，高明的上司明明知道下属的建议是对的，但十次可能有两次故意否决，目的就是要体现"领导说了算"，以便维护自己决策的权威性。这就

是官场、商场和任何职场的“潜规则”。我并不喜欢这种“潜规则”，只是从行为经济学的角度对此提供了一种解释。

唐僧是一个面子薄的人，当然很看重自己的权威。你看他说话，开口“为师”，闭口“为师”，就是要提醒孙悟空等人，他才是取经团队的领导，而且是这些服刑人员的救星。对于这样一个要面子的人，怎么可能轻易授权呢？如果他授权给孙悟空了，他又如何能够保证自己在取经团队中的权威呢？

本节实用管理法则

法则 1：领导有三种可能的权威来源：传统型权威、魅力型权威和法理型权威。每个领导都要有至少一种权威来源。如果没有，就要利用上述三种途径去夯实自己的权威基础。

原则 2：授权是把双刃剑：可以激发下属的积极性，但可能损害上司的利益。因此，有效授权的前提是：上司和下属之间的利益分歧比较小。例如，在家族企业中父亲授权给儿子，或者授权给自己的亲戚。如果授权者和被授权者之间利益分歧比较大，那就不应该授权，应该找一个利益分歧小的人来授权。

原则 3：频繁授权会损害上司的威信，因此应该间歇性授权。有时候，即便下属的判断是对的，上司出于维护自己权威的需要，也可能会否定，以便传递一个信号：只有自己才是单位的“一把手”。一种解决这个问题的办法是，上司应向不同的下属授权，尽力不要总是授权给一个人，这样不利于培养接班人。要让接班人之间有所竞争。

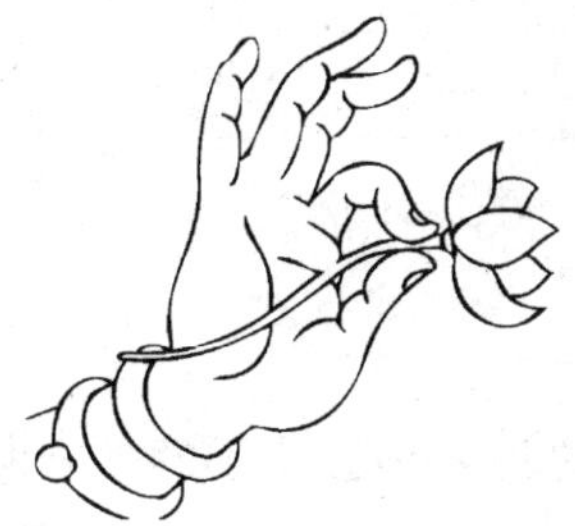

第 15 回

唐僧如何防止下属合谋？

15.1 唐僧被三个徒弟骗了

自从唐僧在取经团队中实行锦标赛考核制度之后，他腰也不疼了，腿也不酸了，吃嘛嘛香，一口气能爬一个小山坡。为什么？因为孙悟空、猪八戒和沙僧三个徒弟都卖命工作，争当第一呢。唐僧给他们立下规定：根据每人的考核得分，每个月搞一次排名，以第一名为“月度优秀员工”，年终评比一次“年度优秀员工”，写入人事档案，并报西天灵山备案，作为将来如来佛祖奖赏的重要依据之一。锦标赛就是好啊，就是好！

可还是好景不长。实行锦标赛考核制度还不到两个月，唐僧发现三个徒弟的工作热情又下降了，而且比实行锦标赛之前还糟糕。孙悟空不喜欢打妖精了，猪八戒老是嚷着要休息，沙僧化缘的饭菜质量下降了。三个徒弟每人的考核分数都比上一个月低了很多，唐僧非常不满。但作为取经团队的领导不能食言，唐僧还是要颁发“月度优秀员工”奖。如是这般又过了半年，唐僧发现孙悟空、猪八戒、沙僧三个徒弟每人都当了两次“月度优秀员工”，而且好像是轮着来的。上上个月是孙悟空得奖，上个月是猪八戒得奖，这个月是沙僧得奖。等等，这究竟是怎么回事？好像不对劲啊！

其实，三个徒弟合谋起来，把唐僧这个团队领导给骗了！话说半年前的一天深夜，孙悟空叫醒了猪八戒和沙僧，又施法术定住了唐僧，找了个没人的地方，说有重要的事情要“从长计议”。悟空悄悄说，这两个月大家都很辛苦，比着劲工作，但再怎么努力，我们师兄弟三个每个月也只能而且肯定有一个人得“优秀员工”奖，其他两个人都是白忙活。既然总有一个人会得奖，为什么大家不一起放慢节奏，偷偷懒呢？反正总有一个人得奖，那我们轮流得奖好了。这样一方面大家都轻松了，另一方面又不妨碍拿奖，而且最重要的是不伤了兄弟们的和气，岂非一石三鸟？好吃懒做的八戒一下子就明白过来了，呵呵一笑，“还是猴哥你聪明，原来我们都被师父耍了去！”沙僧反应略有迟钝，不

过细想了半天，觉得是这么个理，何况猴哥那么聪明，听他的总没错。于是，就出现了“三个坏徒弟，骗个唐御弟”。

其实，唐僧遭遇了很多单位“一把手”面临的管理困境之一：合谋在组织中普遍存在。小时候，同桌同学一起抄作业，考试一起作弊，都属于欺骗老师的“合谋”（collusion）行为。开车经过停车场，管理员向你收取十块钱停车费，你告诉他：“不要发票，给你五块。”管理员默契地照办，这也是一种合谋：你少交了五块钱停车费，管理员私吞了五块钱，停车场管理机构少了十块钱收益。当然了，这些都是生活中的小事。更严重的合谋，往往涉及腐败和贪污。例如，一个公司的总经理和总会计师合谋，给董事会提供虚假的会计报表，隐藏企业利润，以便减少给股东的分红，然后将多余的利润以奖金、津贴或其他名义在高管中私分了。这是非常典型的管理层合谋。

15.2　防范合谋的思路之一：赎买

如何防范下属合谋是所有领导都头疼的难题，因为合谋直接削弱领导的权力基础。幸运的是，在长期的管理实践和理论研究中，人们发现合谋通常是可以破解的。归纳起来，有效防范合谋的办法主要有三种思路。管理者可根据具体情况灵活选择使用，必要时还可以打“组合拳”，多管齐下，必定见效。

第一种思路是“赎买”。这是一种激励政策，说得更直白一点就是收买。一个人为什么要参与合谋？因为他从合谋中得到的好处超过了合谋的成本。比如，一个会计，在单位是很普通的工作，月工资也许就是 5 000 元。如果会计和一个部门经理合谋，做假账，利用不对称信息欺骗总经理，部门经理每个月可以额外得到 2 万元，然后会计多得 5 000 元。如果合谋没有风险，会计肯定会参与合谋。因此，要防范合谋，就要提高合谋的成本，或者提高不合谋的收益。总经理可以从两个方面入手。一手是提高合谋的成本，相当于用“大棒”。比如，不定期进行财务检查。如果发现做假账，一律开除，严重的情况甚至移交司法部门处理。如果处罚足够严重，哪怕是发现合谋的概率很小，也足以对参与合谋的下属构成足够的威慑。毕竟，开除乃至坐牢是很严重的后果。另一手是提高不合谋的收益，相当于给“胡萝卜”。鉴于会计这个岗位的特殊性，总经理可以将会计的工资从 5 000 元提高到 8 000 元。简单的计算可以证明，只要总经理发现合谋的概率超过 20%，那么此时会计参与合谋的成本就超过了合谋的收益，他就会发现合谋是得不偿失的，还不如心安理得地拿这份高工资。

在现实中，提高不合谋收益的方法不仅仅是加工资，对会计实行提拔或重用也是一种赎买机制。这也可以理解，为什么单位的会计通常都是“一把手”的亲戚或者亲信。在敏感岗位使用亲戚或亲信，其实就是提高合谋的成本。毕竟，要买通领导身边的人，风险太大，搞不好“偷鸡不着蚀把米”。另一个问题是，为什么不收买部门经理呢？从利润最大化角度出发，老板当然会选择收买利益链条上成本最低的环节。

在上述案例中，对于总经理来说也是划算的。虽然一个月多支出了 3 000 元工资给会计，但是每个月可以增加 2 万元收入。退一步讲，只要能防范合谋，哪怕给会计一个月 1 万元工资也是值得的。这里也可以看出，在信息不对称的条件下，防范合谋是需要付出代价的。但是相对于允许合谋，付出一定代价防范合谋仍然是值得的，这是一种“次优”（second best）结果。

15.3　防范合谋的思路之二：分化

分化的思路略显复杂。一个人不可能合谋，合谋必须有一个利益同盟。但合谋的利益同盟本身也是比较脆弱的，因为每个人参与合谋的成本不同，得到的好处也不同。因此，防范合谋的一种有效办法是，通过不对称的利益输送，分化瓦解合谋者的利益同盟。有三种方法可以实现分化瓦解之策。

第一种分化的方法是对关键下属授权。例如，公司让老田负责担任一个部门经理，该部门正常情况下每年可以给公司创造 500 万元的利润。老田如果和部下合谋，可以隐瞒利润 100 万元，但是需要采取转移资产、关联交易、虚假做账、交叉补贴等种种合法的或不合法的手段，这些手段需要花费 20 万元，算是合谋的“交易费用”，然后老田和部下把剩下的 80 万元分赃了。老田之所以参与合谋，是因为他无法从多创造的利润中得到额外的好处。因此，如果给予老田对多创造利润的剩余索取权，老田自然没激励合谋了。于是，公司可以和老田签订一个承包合同，授权老田承包该部门，老田每年必须向公司上缴利润至少 420 万元（但不能超过 500 万元），多余的利润归老田支配。老田由过去的打工仔变成了部门的实际老板，此时他绝对没动力去合谋，因为贪污公司的钱，其实就是贪污他自己的钱。于是，他和原来的合谋者由过去的利益同盟关系变成了利益冲突关系，利益同盟不攻自破。这其实是一个典型的帕累托改进：与存在合谋相比，公司每年多增加了 20 万元利润；老田可以心安理得、光明正大地分配至少 80 万元利润，干得好还可以赚得更多。

第二种分化的方法是采取“不升即走”（up-or-out）的人事政策。所谓不升即走，是指员工必须在一定聘期内往上升迁，否则就要离开单位。但肯定不是所有人都有机会升迁，因为升迁的名额是固定的。因此，这一人事政策导致同一层次的下属之间构成了一种独特的零和博弈，如同两个人分饼，你吃多了，我就吃少了，不可能两个人越吃越多。既然同僚之间是零和博弈，那就存在明显的利益冲突，自然不可能结成合谋的利益同盟了。于是，合谋不攻自破。假如唐僧明确告诉孙悟空、猪八戒和沙僧，他们工作表现好可以成佛，但是三个徒弟只有一个名额。此时，就算孙悟空怂恿八戒和沙僧都别努力，一起偷懒，八戒和沙僧会听悟空的吗？当然不会！每个人都会想，万一自己偷懒的时候，别人拼命表现，结果成佛的机会不就拱手相让了吗？显然，谁也不想落后于对手，更不想被对手给卖了。于是，三个徒弟便会像刚实施锦标赛那样，各个卖命工作，力争上游。唐僧可谓不战而屈人之兵！

第三种分化的方法是在下属之间创造某种歧视现象。这是一种比较新颖的防范合谋方法，由一个日本经济学家提出（Ishiguro，2004）。其背后的逻辑与“不升即走”方法有点类似。如果上司在人事、工资、福利政策上明显地偏向一类员工，就等于在这类员工和其他员工之间制造了一道不可逾越的鸿沟，实际上就是通过人为地制造矛盾分化瓦解了不同员工之间的利益同盟。试想，如果唐僧暗示孙悟空是如来的人，另一个成佛的名额早已内定给了孙悟空，猪八戒和沙僧还会铁了心跟悟空结成利益同盟吗？当然不会，而且三个人从此会经常内讧。特别是八戒，本来就嫉妒悟空，这下更是把悟空看做自己仕途上最大的拦路虎，一心想取而代之，哪里会听悟空的话与其结盟？我不是空口无凭，而是有文为凭。《西游记》原著第四十八回，孙悟空在如来面前打死六耳猕猴之后，赌气不想回到唐僧身边。如来劝他："你休乱想，切莫放刁。我教观音送你去，不怕他不收。好生保护他去，那时功成归极乐，汝亦坐莲台。"这话其实就是暗示孙悟空，你好好表现，将来在西天灵山（极乐世界），我给你留了一个成佛的位子（坐莲台）。①

15.4 防范合谋的思路之三：收权

无论是赎买还是分化，其实都是"诱之以利"，瓦解合谋同盟。其实，除了分利，还有第三种防范合谋的思路：收权。合谋为什么会有生存空间？因为当事人有权力操纵信息，并利用权力去寻租。例如，停车场收费时，消费者为什么能和管理员合谋？因为管理员具有是否收费以及收费多少的权力。煤矿老板为什么和安监局官员合谋？因为安监局官员拥有煤矿能否开工生产以及发生矿难时的处罚权力。总经理为什么和总会计师合谋？因为总会计师制作的财务报表决定了公司的真实利润。

由此，如果取消了当事人的某种权力，使得当事人无法将权力变成租金，那么当事人就没有动力参与合谋。这一招可谓"釜底抽薪"。例如，一些比较规范的停车场规定，车主必须通过刷卡收费，而且每辆车只有刷卡后才能通过

① 有人说，"坐莲台"也可能是当菩萨，比如观音。但是，观音菩萨和文殊菩萨分别是在南海和五台山坐莲台，在西天雷音寺能坐莲台的，那都是佛，菩萨还没有这个资格。

拦车杆。别小看这个简单的技术设置，它直接取消了停车场管理员的自由裁量权。就算管理员想让你优惠也做不到，因为收费标准是根据车辆进出停车场的时间计算的，不是管理员决定的。而且，刷卡收费使得停车费直接通过计算机系统进入了停车场管理机构的账户，不经过管理员之手。停车场管理员实际上被解除了自由裁量权，没有了权力带来的租金，自然也就不存在合谋空间了。又比如，一些单位除了使用自己的会计部门，还专门聘请外部机构进行审计，不会全部采纳本单位会计的信息，这实际上也是通过剥夺会计对信息的垄断权，瓦解了会计和高管合谋的动力。

此外，还有一种方法也属于收权的思路，就是实行轮岗。一些关键岗位的负责人掌握了很多内部信息，或者拥有较大的自由裁量权，久而久之就容易与下属合谋。因此，对于这些关键岗位的负责人，要定期进行轮岗，实行对调，或者换岗。合谋是不光彩的甚至是违法的事情，有较大的风险，因此需要长期磨合才能形成利益同盟。如果时间短，轮岗快，当事人就来不及结成利益同盟，自然就减少了合谋的概率。

本节实用管理法则

法则 1：当下属可以通过操纵信息获取权力，并将权力变成租金时，合谋就容易发生。

法则 2：有三种防范合谋的思路：第一，用利益进行赎买，即提高关键人员的收入水平，同时加大对合谋的处罚力度，使得其合谋的成本超过合谋的收益。第二，分化瓦解合谋的利益同盟，这包括三种方法：授权，不升即走，以及歧视政策。第三，收回关键员工的权力，包括使用技术化的手段，将管理人员与金钱往来隔离开来，以及对关键岗位进行轮岗或换岗。

法则3：在管理实践中，可以同时使用多种方法防范合谋。通常防范合谋必须付出一定的代价，不存在无成本的防范合谋方法。有时，防范合谋的代价超过了其收益，管理者也可能容忍一定程度的合谋。

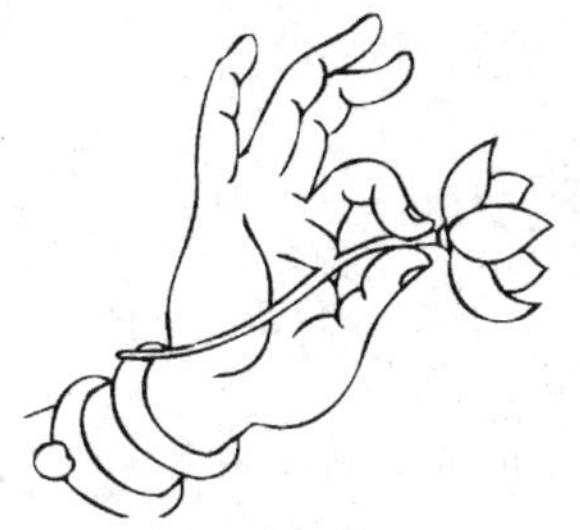

第 16 回
唐僧如何选择接班人？

16.1 老板最痛苦的事是选接班人

作为一个领导，最重要的不是自己有多能干，而是能否培养出一个合格的接班人。自己能干，那是个人能力问题，而培养出合格的接班人是将自己的能力制度化，这样才能保证组织永续发展，基业长青。历史上和现实中，有很多能干的开国者或创业者，但因为没有选对接班人，最终事业未竟，遗憾九泉。例如，刘备能干，但其子刘禅无能，致使蜀国灭亡。前面提到，王安公司创始人王安因为不信任创业元老，执意将公司交给儿子管理，结果致使公司发展雪上加霜，最终被人收购。

著名的“百年老店”通用电气公司（GE）的前董事长兼CEO杰克·韦尔奇（Jack Welch）在其自传中感慨：“选择继任者的工作不仅是我职业生涯中最为重要的一件事，而且是我面临过的最困难也最痛苦的选择”（韦尔奇、拜恩，2001，367页）。选接班人不比做事情，事情做错了，往往可以改正过来，但接班人选错了，整个组织可能跟着玩完了。据说，著名跨国公司百事可乐从20世纪90年代开始，其CEO就要花三分之一的时间去培养接班人。韦尔奇担任GE最高领导人之后，于1994年就促成GE董事会正式启动选择接班人的工作，并且由他亲自领导这项工作，此时距离他于2001年65岁退休还有整整7年！

唐僧现在就面临选择接班人的莫大难题。西天取经成功之后，唐僧被如来佛祖封为“旃檀功德佛”。在西天大雷音寺修炼了几年之后，如来恩准唐僧坐镇中原第一名刹白马寺，传经布道，广收信众，宣扬大乘佛法。从此，唐僧就相当于自立门户了。当然，在业务上，他仍然受西天如来指导，并不时赴西天参加各种法会，与西天保持紧密联系。在白马寺开门收徒之后，又过了若干年，唐僧想再云游四海，一则向更多世人传经布道，扩大佛教在东土大唐的影响力，这也是当初如来佛祖安排他去东土自立门庭的初衷；二则他也想饱览大

好河山，遍访高人奇士，说不定能发掘出像孙悟空那样的奇才，将来为自己所用。于是，他决定培养一个接班人，以便在他外出云游或访学时能够临时主持寺庙日常事务，将来能够担任寺庙方丈之位。这几年，由于唐僧形象好、名气大，有西天取经的传奇经历再加上唐太宗李世民的鼎力支持，唐僧的白马寺不仅香火旺盛，而且吸纳了不少人才。有道行高的，有武功强的，有资历深的，甚至还有个别像他这样从海外学成归国的“海归”和尚。让唐僧苦恼的问题是，该选择什么样的人接班呢？

16.2　论资历还是论学历

唐僧面临的第一个两难选择是：应该选择资历深的人还是学历高的人接班？

坐镇白马寺第二年，唐僧就招了第一个徒弟释空。释空当时才 16 岁，但是慧根好，对经文的理解很到位，还写得一手好字，为唐僧誊抄和整理三藏真经帮了不少的忙。第三年招了几个徒弟，其中一个叫释武，二十多岁，以前是一个习武之人，功夫了得，但脾气暴躁，终日里打打杀杀，偶然听了唐僧一次讲经之后，幡然顿悟，决心皈依。第三年还来了一个富家翁，五十多岁，因为乐善好施，德行远播，本来是居家修行，后来干脆也在白马寺剃度，法号释德。从第四年开始，因为整理和传播三藏真经耗费了唐僧大部分时间，他基本上不再亲自招收弟子了。第一个弟子释空招收了一个年轻弟子释海，算是唐僧的第一个徒孙了。释海悟性很高，后来被送到南海普陀寺进修，再后来又被唐僧亲自推荐到西天灵山进修，今年刚刚回到白马寺，算是标准的“海归”了。

唐僧一开始属意释空，毕竟释空是他的第一个徒弟，是唐门的大师兄，资历最深，威望较高。但从发展前景来看，唐僧最看好的是释海，毕竟释海学历最高，见多识广，又到南海和西天游过学，是当今最走俏的高端人才“海归”。该选谁做接班人呢？选择资历深的释空，好处是：(1) 符合传统伦理。即便是皇帝的接班人，中国历史上也一直都有“立长不立贤”的说法。因此，在能力、学历、德行等要素难分高下，大家容易有争议时，论资排辈是最简单但也是最有效的做法。(2) 有利于团结稳定。根据资历进行排序，每代接班人的顺序和位子都是非常明确的，谁也不用去争，有利于徒子徒孙们安心工作。(3) 有利于维护领导的权威。由于接班人都是最早入门的，资历最深，对后入门的师弟徒弟们有天然的威望。反过来，如果让一个后入门的当领导，先入门的资深弟子就非常尴尬，可能被迫离开，这会导致人才流失。但释空也有明显的缺点，一是很小就入佛门，没有经历过西天取经那样的社会锻炼，阅历不够；二是学历太低，16 岁就跟从唐僧，这几年唐僧太忙碌，也没抽空帮他解决学历问题，因此理论水平稍微欠缺；三是不懂外语，看不懂梵文，没法像唐僧那样跟西天保持紧密的学术联系，将来不利于巩固白马寺和大雷音寺的政治关系。

于是，唐僧又把目光转向释海。释海是“海归”，相对于作为“土鳖”的释空，优点非常明显：(1) 学历高，起点就高，理论基础扎实，特别善于主持高深的佛法辩论，让白马寺威名远扬；(2) 懂外语，能够帮助唐僧翻译艰深晦涩的大乘佛经；(3) 有西方游学经历，与南海观音菩萨、西天如来佛祖都建立了一定的个人关系，有助于巩固白马寺在东土大唐的地位。当然了，金无足赤，人无完人。释海毕竟资历浅，入门较晚，而且还是徒孙辈的，这是最大的缺点。

实际上，唐僧遇到的选择接班人困惑，也是很多企业老板或单位领导的困惑。在重用人才上，究竟是论资排辈更重要，还是学历更重要？似乎各有各的说法，各有各的成功案例。比如，日本企业就非常看重资历。20 世纪 50 年代之后，日本企业逐步建立了一种年功序列工资制 (scniority-based wage system)。在其他条件相同的前提下，工资主要根据员工的工龄来确定。工龄越长，工资就越高，职务晋升的可能性也越大。注意，工龄是指在同一企业内连续工作的年数，而在不同企业工作的工龄一般不能连续计算。日本在 20 世纪 50 年代到 70 年代初，经济快速增长，劳动力比较稀缺，因此年功序列工资制

有效地提高了职工对企业的忠诚度，特别是防止了熟练工人和技术骨干的流失。但大洋彼岸的美国，文化制度似乎截然相反。据调查，一个典型的美国员工一生要换 7 份工作，而且学历和员工所在的阶层是高度正相关的。没上过大学的人，可能一辈子就干服务员或销售员的工作，上过大学的人更容易进入管理层，而高管几乎都是高学历人才。当然，创业除外。与日本经济的稳定增长相比，美国经济同样充满活力，而且似乎更有发展潜力。这么说，论资排辈和看重学历都不是唯一正确的选择标准。

16.3　看德行还是看武功

由于释空和释海两人难分伯仲，唐僧不得不将选人之事暂时搁置。就在这段时间，发生了一件意外事故，改变了唐僧的接班人候选名单。

那是一次规模宏大的水陆法会，参会的僧人和信众数以千计。有人不慎打翻了一盏油灯，导致了一场大火。当时人太多，救火效率低，大半个白马寺都被烧毁了。更可恶的是，还有极少数不法分子居然趁火打劫，想借机窃取功德箱里的捐款。幸亏徒弟释武眼尖手快，武艺高强的他及时地放倒了几个小偷，送到官府问罪了。这场大火简直是浩劫，烧了十几座殿堂，幸亏藏经阁建在白马寺最高处，才得以完好无损，否则唐僧真要气得自尽了。也幸亏另一个徒弟释德凭借其殷实的家底，慷慨解囊，让家人送来十万银两，再加上唐太宗谕令拨款十万，白马寺还可以修葺一新。

这场意外的大火让唐僧反思了很多，不仅仅是管理制度有漏洞，恐怕自己的选人眼光也有问题。为什么之前忽视了释武和释德呢？资历、学历固然重要，但是德行、武功是不是也要考虑？如果选择释武和释德会怎么样呢？

如果选择德行高的释德，有以下几个好处：（1）德行高，则威望高。释德是乡绅，长期行善，又为白马寺重建作出了不可磨灭的贡献，在信众中有极高的威望。对于寺庙而言，信众就是顾客，就是“上帝”，以前唐僧居然完全忽视了顾客的需求，令人汗颜啊。(2) 德为才之首，才为德服务。后来的北宋宰相司马光认为："才德全尽谓之圣人，才德兼亡谓之愚人，德胜才谓之君子，才胜德谓之小人。凡取人之术，苟不得圣人，君子而与之，与其得小人，不若得愚人"（司马光，2007，第115页）。也就是说，品德比才能更重要。如果有才的人又有德，那相当于文武双全，但如果有才的人没德，反而其才能对社会是一种破坏。用后世的大白话来说，就是"流氓不可怕，就怕流氓有文化"！也因此，当初唐僧在西天取经路上，给孙悟空等徒弟设立的考核指标，第一条就是"德"，其次才是"能、勤、绩"。(3) 提拔释德为负责人，能鼓励更多富人行善。像释德这样，虽然年纪大、入门晚，但如果捐赠功德大，一样可以当方丈。这就能吸引更多有钱人主动捐赠，为光大白马寺作出贡献。当然，不是有钱就可以"买官"，德行是基本条件。尤其是，考虑到白马寺刚刚经历一场劫难，百废待兴，亟须一个有钱又热心佛教事业的乡绅支持。

如果选择武功高的释武，也有其优势：(1) 有利于白马寺紧跟"禅武"潮流。据唐僧所知，隔壁的天竺国佛教有一个派别，要求僧人既要坐禅，又要习武，谓之"禅武合一"。嵩山少林寺成为东土大唐第一家宣扬禅武潮流的寺庙，成为佛界创新的典范。看来，习武将成为未来佛教寺院发展的趋势之一，白马寺也不能落后于潮流。重用武功高强的释武，不仅有利于白马寺适应这一禅武趋势，而且能够在发扬佛教武术方面走在其他寺庙前列。(2) 僧人会武功，能够在关键时刻保护寺庙，匡扶正义。少林寺之所以名扬天下，就是因为它有一个实力雄厚的武僧团。在前朝末年天下大乱时，武僧团多次保护了少林寺，据说还营救了当时的秦王、当今的唐太宗李世民，谱写了"十三棍僧救唐王"的传奇故事①，以至于少林寺至今圣眷隆厚，成为白马寺的竞争对手。若重用释武，以他带头组建武僧团，能够增加白马寺的威名，至少一般的小偷小摸不敢来浑水摸鱼了。

当然，有优点必有缺点。释德虽然品德好，但是对佛经领悟不深，而且作

① 据史家考证，这只是一个传说，并非真事。

为俗家弟子半路出家，未必能够在白马寺服众，毕竟在他之前就有好几个亲传弟子了，包括大弟子释空。而释武，佛经理论功底不够深厚，文凭较低，在管理水平方面尚待提高。这么一比较，唐僧又陷入了深深的困惑之中，实在难以决断。

16.4　四类组织选择四类接班人

唐僧的选人难题绝非孤例，而是所有组织的“一把手”面临的难题。连杰克·韦尔奇这样伟大的CEO都为此焦虑，更不必说普通老板了。对于一个组织的负责人而言，资历、学历、品德、实力（武功）都是很重要的素质。但世界上没有全才，因此针对不同的职位，在组织的不同发展阶段，应该选择不同的人才。不存在一个“一刀切”的最优用人标准。从经济学角度透视管理问题，第一条法则就是：没有“放之四海而皆准”的管理法则。选择接班人也是如此，必须“因情况而定”（It depends），用中国特色的话来说，就是“具体问题具体分析”。但这并不意味着没有原则，原则就是组织发展的需求与接班人的特质必须匹配。如果一个接班人的优点能够成为组织发展最重要的资产，那么这个接班人就选对了。所谓“时势造英雄”，其实就是因为英雄符合了时代的要求。

如果一个组织处于稳定发展的状态，且规模较大，情况又比较复杂，那么“资历”应该作为选择接班人的最重要标准。稳定发展的组织，一般历史比较悠久，有自己的独特文化，此时保持常态增长即可，因此应该找一个内部成长、资历较深的中年人掌舵。作为一个资深的内部继任者，这种接班人对企业的战略目标、核心能力、管理风格以及文化形态有强烈的认同感，能够保证权力的平稳交接和组织的可持续发展。对于这类组织而言，没必要特别看重学历，在制度完善的情况下对个人品德也没有特别的依赖，更不需要雷厉风行的悍将作风。像通用电气（GE）的董事长韦尔奇自己就属于资深型接班人，从大学毕业加入GE开始，连续在GE工作了20年。后来，韦尔奇选择的GE接班人杰弗里·伊梅尔特（Jeffrey Immelt）也是一个资深的GE管理者。伊梅尔特从1982年加入GE，到2001年就任GE董事长兼CEO，也是连续在GE工作了约20年。实际上，在GE 120多年的历史中，只有九位总裁，几乎都是GE的资深管理者。大型跨国公司、垄断性国企、政府机构以及一些历史悠久的非营利组织，都适于选择资深型管理者作为组织的最高领导人。

如果一个组织属于高科技或知识型，或者组织的发展非常依赖前沿技术，同时组织的历史并不悠久，那么“学历”应该作为选择接班人的主要标准。因为高学历的领导人本身就是所属领域的技术高手，更可能将公司带入技术前沿，而且高学历的领导人本身更容易被一群技术天才或者知识型员工所接纳。员工会认为领导人懂行，跟自己一样是知识精英，从而对组织产生认同感。美国高通公司（Qualcomm）是全球领先的无线电通信技术研发公司，是一家典型的高科技公司。1985年7月成立时，高通公司的创始人欧文·雅各布斯（Irwin Jacobs）是MIT毕业的科学博士，而且是美国加州大学教授。高通公司现任执行董事长保罗·雅各布斯（Paul Jacobs）拥有加州大学伯克利分校的博士学位，CEO史蒂夫·莫伦科普夫（Steve Mollenkopf）拥有密歇根大学的电气工程硕士学位，总裁德雷克·阿伯勒（Derek Aberle）同样拥有博士学位。通常，高科技企业、专业的政府机构（如中央银行）、研发机构（如微软研究院）和大学，会将学历当做选择领导人的必要条件。

如果一个组织面临外部声誉危机，或者需要重塑组织的良好社会形象，或者组织内部各派之间难以达成共识，此时选择一个德行高尚的管理者作为最高领导人，能够改善组织的社会形象，弥补组织的声誉损失。例如，著名经济学家劳伦斯·萨默斯（Lawrence Summers）在担任哈佛大学校长时，因为批评黑人教授和评价女性学者，被认为有种族主义倾向和性别歧视，危及哈佛这所百年名校的社会声誉，不得不于2006年主动辞职。哈佛董事会为了维持学校名声，立即任命德高望重的老校长德里克·博克（Derek Bok）为临时校长。一年之后，哈佛任命该校女历史学家德鲁·福斯特（Drew Faust）为新校长。

这也是哈佛回应“性别歧视”的一种理性选择。

如果一个组织面临巨大的外部竞争压力，同时内部又面临分裂危险，需要一个强势的领导人，那么选择实力型管理者接班就是最优选择。例如，当一国面临战争威胁或者严重的内部冲突时，强势的军队领袖往往会成为国家领导人。眼下的泰国就发生了这样的情况，陆军司令巴育成为泰国总理。对于一个寺庙而言，如果是在战乱时期，学历、资历、品德都不足以保护寺庙安危了，此时由武功高强的僧人出任方丈，更有可能保护寺庙。

分析到这里，其实唐僧应该知道白马寺需要什么样的接班人了。

本节实用管理法则

法则 1：老板最重要的任务不是专注于组织目前的生存和发展，而是培养出合格的接班人。老板必须亲自培养接班人，这关乎组织能否持续发展。

法则 2：组织在不同的发展阶段，面临不同的内外部矛盾时，应该对接班人在资历、学历、品德和实力四个方面有所侧重。不存在“放之四海而皆准”的领导人或接班人选拔标准。

法则 3：稳定发展、规模较大、情况复杂的传统组织，可以选择“资深”管理者作为接班人。高科技或知识密集型组织，可以将“学历”作为接班人的必要条件。面临外部声誉危机、需要重塑社会形象的组织，可以将“品德”作为接班人的最重要条件。同时面临外部竞争压力和内部分裂危险的组织，可以将“实力”作为接班人的必要条件。

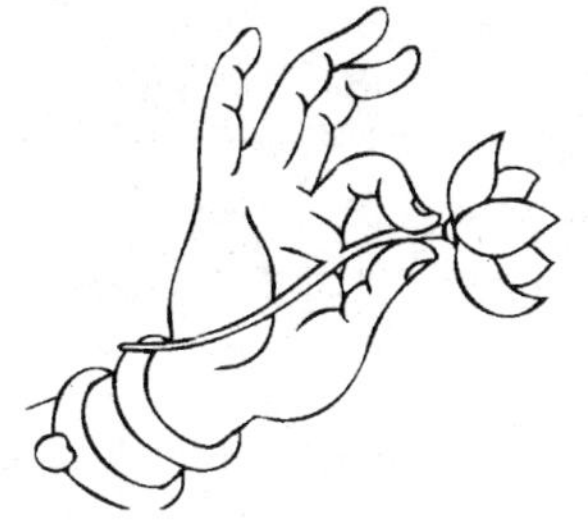

第 17 回

九龙治水出大旱

 17.1 孙悟空骗了观音和如来

在西天取经这个创业项目中，唐僧是项目经理（小老板），观音菩萨是CEO（中老板），如来佛祖是董事长（大老板），孙悟空算是创业团队的骨干。《西游记》第五十六回，孙悟空在杨家庄打杀了几个强盗之后，唐僧认为他心狠手辣，念了多次紧箍咒，执意要赶走孙悟空。悟空觉得唐僧不明事理，不想追随，只想脱了紧箍咒回他的花果山去。但唐僧自己承认，当初观音菩萨只教给了他紧箍咒，不会念什么“松箍咒”。于是，悟空去找南海观音，但观音说她也不会念“松箍咒”，当初这玩意是如来佛祖给她的。悟空寻思，只能去找如来解除魔咒了，但如来是取经项目的大老板，肯定不会轻易放走他这个关键员工的。怎么办呢？唐僧听观音的，观音听如来的，但如来日理万机，哪里有空去管取经项目的细节。想到这里，悟空心生一计。

悟空一个筋斗云，到了西天灵山大雷音寺，拜见了如来佛祖。他对如来说，自己生性聒噪，喜欢打打杀杀，路上不慎杀了几个平头百姓，得罪了唐僧，违背了佛教“不杀生”的戒律，被唐僧赶走了。他去向观音诉苦，观音也觉得悟空不适合再当取经人，愿意收留悟空在身边做一个护法大使，然后派此前收服的红孩儿代替悟空去做取经人。因此，请如来佛祖念一下“松箍咒”，放悟空回观音身边去。如来一听，既然具体负责取经业务的唐僧和观音都同意了，而且找到了合适的替代者①，他觉得作为最高领导没必要干预下级领导的管理细节，就念动真言，瞬间解除了孙悟空头上的紧箍儿。悟空欣喜若狂，一路手舞足蹈，再次来到南海观音菩萨处。悟空对观音说，我把情况跟如来讲了，他觉得我不适合做取经人，让我在大雷音寺听讲修炼，你可以派红孩儿去替代我的位子。观音一听，既然大老板如来发话了，自己必须遵守如来金旨，

① 别忘了，红孩儿头上戴有金箍儿，唐僧从观音那里学会咒语之后，也可控制红孩儿。

于是就准备带红孩儿去见唐僧。悟空一身轻松，“哟呵”一声欢叫，连招呼都没打，就跑回花果山去做他的齐天大圣了。几句话功夫，既骗了如来，又骗了观音，不愧是“猴精”啊！

17.2　多重领导要不得

其实，孙悟空的计谋算不得高明，他不过是钻了“多重领导”的空子。每一个组织都有层级，必然存在多级领导。如果多个领导同时管理一件事情，在缺乏信息沟通和充分协调的情况下，就可能被拥有信息优势的下属所操控，导致“下级领导上级”的荒谬之事！

多个领导同时管理一个下属的情况，俗称“多头领导”，契约理论称之为“共同代理”问题（Bernheim and Whinston，1986）。这又分两种情况。第一种情况是，多个领导之间是纵向的，即不同层次的领导都可以管辖某个下属或某项事务。在委托—代理模式下，由于具体做事的人往往掌握了更多的具体信息，而上级领导和下级领导之间不可能事事沟通，因此下属可能会利用信息不对称欺骗多个上司，或者在不同任务之间套利。

若干年后，孙悟空欺骗观音和如来的故事再度上演，不过这次被骗的是唐僧。在白马寺，唐僧自己是方丈，此外他还任命了一个监院，协助自己管理寺庙的日常事务。有一天早上，唐僧发现外面下大雨了，他担心山洪暴发，导致泉水污浊，于是赶紧命令负责后勤的小和尚释灵去挑几担水。释灵是个机灵鬼，喜欢耍小聪明，他可不想一大早冒雨去山涧挑水。他跟唐僧撒谎：“刚才监院让我下山去接待香客。因为今天下雨路滑，怕香客摔倒，还需要在路边设置一些安全设施。”唐僧心想，香客的人身安全是大事，如果摔伤了香客，或者出了人命，那白马寺的声誉就毁了，而且唐太宗说不定会因为自己维稳不力而对明年的财政拨款“一票否决”。于是唐僧说：“人命关天，那你赶紧下山去啊！”释灵一转身就溜进了自己的禅房，想补个回笼觉。结果半途碰到了监院，监院着急地对他说："今天下大雨，路上很滑，你赶紧去清理道路，最好再搞一些安全设施，不然香客摔伤了，后果很严重!"却见释灵不紧不慢地说："报告监院，方丈让我去挑水，说今天可能有洪水，怕是未来几天都没泉水喝了，特意要我多储备一些呢。"监院一想，挑水是大事，要是没水喝，大家连早饭都吃不上啊，更何况方丈有言在先，还是听方丈的安排吧。于是，可怜的唐僧亲自冒雨去挑水，监院亲自冒雨去查看山路，而鬼精的小和尚释灵就躲在禅房里美美地睡懒觉!

第二种情况是，多个领导之间是平行的，他们都有权力管辖某个下属或者某项事务。表面上看，平行的多头领导体制是为了沟通信息，加强协调，顾全大局。例如，在一个县里，招商局的工作涉及工业项目、土地使用、城镇规划、环境保护等多个方面。于是，主管工业的副县长、主管环保的副县长都能干涉招商局的工作。但事实上，横向的不同领导之间往往存在一定程度的利益冲突，未必能够有效地沟通信息，从而未必能够协调一致，有时某些领导为了部门利益或个人利益甚至会拒绝协调，或者相互推诿，最终导致协调失败。就像上面那种情况，假设招商局想引进一个有点污染的重化工业项目。主管工业的副县长很高兴，因为这样本县工业 GDP 会大幅增加，就算自己的政绩了。但主管环保的副县长肯定不会同意，因为带来污染他要负责，而 GDP 增长跟他没有直接关系。此时，如果两个主管副县长相互扯皮，这个项目肯定就黄了。

另一个多头管理的典型案例是中国的国企管理体制。2003 年之前，一家国有企业要受多个部门领导。组织部门管人事，财政部门管资产保值增值和产权变更，发改委管基本建设和项目审批，经贸委管技改投资和重组兼并，劳动部门审批工资和管理者待遇。用民间的俗语说，是"一个媳妇，多个婆婆"。在这样的格局下，国企就像一个小媳妇，哪个婆婆都要管她，哪个婆婆都不敢得罪，国企怎么搞得好？这真是"九龙治水，天下大旱"。2003 年，国资委成立了，将各个部门的管理权限集中行使，统一"管人、管事、管资产"。从此，国企效率开始明显提升。

 17.3　灵山组建了“领导小组”

自从被机灵鬼释灵捉弄了之后，唐僧百思不得其解：设计得好好的领导体制，怎么在执行时就南辕北辙了呢？那边厢，其实如来早就在反思了：我管观音，观音管唐僧，唐僧管孙悟空，怎么就让这个妖猴给耍了呢？如果多几个孙悟空这样钻空子的人，那灵山还有何脸面管理佛教众生？看来，佛界不能光念经，还要学管理。管理也是一门大学问，高深莫测，必须在实践中不断摸索。痛定思痛，为了解决多头领导的难题，维护西天的权威，如来佛祖紧急召唤所有佛祖和菩萨，在大雷音寺开起了闭门会议，最终商定了两条维护领导体制的根本原则，并通令所有佛祖、菩萨、圣僧、罗汉、揭谛、比丘、优婆夷塞、各山各洞的神仙、大神、丁甲、功曹、伽蓝、土地以及信众必须遵守。

第一条根本原则是，强调主体责任，避免“令出多门”。如来要求，当一项事务存在多个纵向领导时，应该明确主体责任，最直接的领导是第一责任人，其上一层领导是第二责任人。并且命令必须逐级下达，上级不得越级干预下级事务。上级如果对下级不满，可以撤换下级，但不能代替下级发出命令。上级可以改变下级的不当命令，但必须通知下级。下级有问题可以向更上一级反映，但不能越级反映。例如，孙悟空如果要如来解除“紧箍咒”，必须由唐僧批准，然后唐僧向观音菩萨申请，观音菩萨同意后，必须由观音向如来佛祖汇报。如果如来佛祖觉得观音的做法不当，可以要求观音更改或撤销其决定。如来如果对孙悟空有安排，必须先通知唐僧和观音。如此一来，多头领导就变成了单线联系，而且杜绝了两个有冲突的指令同时下达给一个下属的情况。孙悟空的诡计就不可能再得逞了。

第二条根本原则是，平行的领导机构组成“领导小组”，由最高主管担任领导小组组长，小组办公室设在主要责任单位。如来深知，灵山事务繁多，很多业务必定存在交叉，不可能按同一个维度进行纯粹的切割。就好比西天取经项目，交通得有人管，后勤得有人管，安全得有人管，通关得有人管。如果所有事务交给一个部门去管理，就违背了分工原则，而且没有哪个部门能够包揽所有事务。因此，从技术上讲，平行的多头领导是不可避免的。一方面要加强平行领导机构之间的协调，另一方面又要避免“令出多门”的弊端，唯一的办法就是将所有相关的平行领导机构组成一个“领导小组”，组员由所有相关机构的“一把手”组成，最后由最高的主管领导拍板决策。如果小组成员之间有矛盾，就由组长负责解决。

从此，西天灵山除了修行部、信众部、后勤部、佛学院、信息中心等实体领导机构外，又相继设立了“取经事务领导小组”、“降妖归化事务领导小组”、“基建事务领导小组”、“实业投资领导小组”以及“上市事务领导小组”等多个协调机构。

本节实用管理法则

法则 1：防止下级利用信息优势，在不同上级之间套利。如果多个领导同时管理一件事务，在缺乏信息沟通和充分协调的情况下，就可能被拥有信息优势的下属所操控，导致“下级领导上级”的被动局面。

法则 2：杜绝多个纵向领导同时指挥一个下属的情况。当一项事务存在多个垂直领导时，应该明确主体责任，最直接的领导是第一责任人。上级不得越级干预下级事务。上级如果对下级不满，可以撤换下级，但不能代替下级发出命令。下级有问题可以向更上一级反映，但不能越级反映。

法则 3：为了让多个平行的领导机构加强信息沟通和协调，可以成立由平行的领导机构组成的协调机构，例如“领导小组”，由最高主管担任领导小组组长。如果平行的领导机构之间存在利益冲突，由组长负责协调。协调机构通常应该是虚体，这样可以避免协调机构与纵向的实体机构产生职能冲突。

第六部分：善治理

本书的最后一部分是公司治理，主要包括企业内部的治理问题和企业外部的治理问题。第 18 回将讨论一个普通创业者都会遇到的难题：当一个有想法（或技术）但没资金的企业家，碰到一个有资金但没想法的资本家时，谁应该控制创业公司？第 19 回将讨论一个当下的热点话题：企业家应该如何与政府官员建立关系？关系太近，可能跟着官员“进去”了；关系太远，又办不成事情。第 20 回将引入一个关于市场竞争的有趣问题：为什么很多企业要故意创造出“过剩产能”？这是一种什么样的竞争策略？第 21 回将讨论一个创业团队在走上正轨之后遇到的难题：企业应该集权还是分权？如何设计企业的组织架构以便适应激烈的市场竞争和快速的业务扩张？最后第 22 回将讨论企业做大后面临的问题：要不要兼并收购对手？企业的最优边界在哪里？

第 18 回

唐僧如何与资本家斗智斗勇？

18.1 唐僧有个想法

自从唐僧师徒从西天取经回来之后，佛教在东土大唐广为传颂，众多寺庙如雨后春笋般冒出。光是在白马寺隔壁，就有白云寺、白塔寺等多座佛教寺庙。尽管唐僧仍然是东土大唐大乘佛教的首席高僧，凭借“旃檀功德佛”的身份仍然拥有广大信徒，但是，信徒们对白马寺的热度正在下降，相反，对周边一些新兴寺庙的兴趣却在上升。在东土大唐的地盘上，佛教寺庙之间的市场竞争日渐白热化了。唐僧认为，要让白马寺在激烈的竞争中脱颖而出，就必须扩大业务范围，拓展信众数量，形成规模经济和品牌优势。而要实现业务扩张，必须下海创业，关键是开发一款新产品，靠新产品去打开没有对手的“蓝海”(blue ocean)[①] 市场，避开同质化竞争，从而创造垄断利润。白马寺能有什么新产品呢？唐僧日思夜想，同时也发动白马寺所有僧侣一起思考如何开发一款新产品。

突然有一天，唐僧灵光一闪，有了一个好的想法。很多佛教的信众都喜欢在家里神龛上供奉一尊佛像或者菩萨像，然后在神案前摆上香炉，插上香烛，放上供品，时常祈福和跪拜。但是，这些佛像仅仅是佛像，不会动弹，更不会说话。如果可以发明一种会动的、能够现身说法的佛像，让信众“当面”聆听佛或者菩萨念经讲法，而且能解答信众的疑虑，那么这种神奇的新产品立刻会占领市场，定能让唐僧和白马寺赚个盆满钵满。其实，唐僧知道，这个产品本身的技术难度并不大。唐僧已经成佛，虽然只有一个真身，但是可以同时幻化出多个身相。背后的原理，有点像孙悟空拔了一根毫毛，变出几十个孙悟空一样，但真的孙悟空当然只有一个。如果借助全息成像技术，完全可以将特定的经文和答疑内容融入神像之中。

---

① “蓝海”指未知的、没有竞争对手的市场，“红海”指已知的、存在激烈竞争的市场。参考《蓝海战略》(*Blue Ocean Strategy*)一书。

说干就干，唐僧立即招聘了一个掌握全息成像技术的工程师，又招聘了一个软件编程工程师，经过九九八十一天，终于发明了一种崭新的“全息佛像”，做出了样品，还申请了专利。任何一个消费者只要买了“全息唐僧佛像”，然后启动按钮，唐僧的幻象就会当场出现，如同真人一样，只是用手触摸不到。这个幻象会像唐僧本人一样诵读已经录入的经文，而且能与信众进行简单对话，回答信众的心中困惑。不过，经文、对话和答疑的内容，都是事前输入的。因此，关键技术突破在于，如何通过市场调查公司掌握“大数据”，了解信徒经常诵读的经文，了解信徒常见的问题，还要了解常见问题的标准答案。这些需要花几万两白银，此外大规模定制生产这种全息神像也需要几十万两银子。

钱不是问题，问题是唐僧没钱。怎么办？

18.2　企业家还是资本家说了算？

对于创业者唐僧来说，投资生产全息佛像是个商业项目，具有一定的不确定性，是一笔“风险投资”。唐僧自然不方便向唐太宗申请拨款，万一亏损了，他不好交代。唐僧也想过向如来佛祖求助，但是这会显得自己领导能力不行。如果连开发一种新产品的事情都搞不定，以后怎么好意思说自己是如来佛祖的亲传弟子？

既不能向政府和上级要钱，创业企业本身又没有内源资金，只好向有钱的富商融资了。[①] 经过一位商人居士介绍，唐僧认识了大富豪柯皮特。柯皮特在洛阳拥有良田五百顷，在长安有商铺十几家，在“丝绸之路”沿途做贸易，还放高利贷，据说身价几千万两白银。柯皮特此前投资过几款新产品，大部分都利润滚滚而来。两人见面之后，柯皮特看了唐僧带来的全息佛像样品，非常兴奋，当即决定投资开发，并提议新企业名称叫“大唐三藏高科技有限责任公

① 为什么不向银行借款？因为第一，那时没有银行；第二，绝大部分创业者都是白手起家，银行不太可能向没有抵押的个人或企业贷款。别忘了，乔布斯和戴尔都是在车库里起家的！

司”，简称“三藏高科”。不过，他提出要在新公司里拥有大部分股份，处于控股地位，唐僧可以技术入股，但只能占小股。唐僧很想获得这笔风险投资，但是又不想放弃自己对新产品的控制权。毕竟，这是唐僧的第一个新产品，如同亲生孩子一般，怎么舍得给一个“后妈”呢？柯皮特要控股，唐僧也要控股，两人各自据理力争。柯皮特说：“没有钱，你这个想法就是空想，样品就是废品，因此我作为出资者必须控股。”唐僧反驳道：“你虽然有钱，但是没有好的想法和产品，你的钱就是死钱。何况，长安、洛阳有钱的人多得是，但是有我这种新奇想法的人有几个？一个好的想法就像一个杠杆，能够让小钱变大钱，因此当然应该由我来控股。”双方互不让步，僵持不下，谈判暂时没有结果。

在这场博弈中，唐僧有想法和技术，但是没钱，是一个典型的企业家；柯皮特有钱，但是没想法和技术，是个典型的资本家。当企业家遭遇资本家时，究竟是企业家说了算，还是资本家说了算？这是很多人在创业过程中碰到的第一个难题。

针对这个融资难题，哈佛大学经济学教授阿庚和哥伦比亚大学商学教授博尔顿提出了一个“相机治理机制”（Aghion and Bolton，1992）。假设企业家有一个好的创业项目（比如“全息佛像”），资本家想投资生产。相对而言，企业家对项目前景更为乐观，因为企业家偏爱自己的产品。但企业家可能会对项目前景过度自信，因为即便项目失败，企业家也不会损失多少金钱投入，还能从失败中学到经验教训，对于创业者来说失败经历也是重要的人力资本。有一句话说得好，“没有失败的个人，只有失败的组织”。相反，资本家对项目前景比较保守，一是因为他不会仅仅看到产品的优点，还会看到产品的缺陷，二是因为他更在乎尽快收回投资本金和利润。在这种情况下，有三种公司治理机制：企业家控制、资本家控制和相机控制（contingent control）。

先考虑第一种治理机制，企业家控制创业公司。企业家控制公司的途径有两种：一是以技术或人力资本作价，占有公司大部分股份；二是虽然占有少数股份，但是负责公司的重大决策和日常运营，资本家只是分红或者拿取固定回报。为了使问题简化，我们不区分这两种控制方式。企业家控制公司的好处

是，在市场行情看好或者企业稳定增长时，企业家会继续扩大投资和生产规模，从而使企业不断发展壮大，而不会像资本家那样急于收回投资和利润。但企业家控制的缺点是，如果市场前景不好，或者企业运营不善，企业家可能会继续冒险，拿资本家的钱来“练手”，从而伤害资本家的利益。

第二种治理机制是资本家控制。资本家控制公司的好处是，一旦市场前景不妙，公司出现亏损，资本家会及时停止运营，通过对企业进行破产清算，最小化投资损失。但坏处是，如果公司前景不错，本应继续扩大经营，赚取更多利润，可资本家倾向于尽早收回投资和利润，然后转向下一个投资目标，而不愿意继续追加投资。因为继续追加投资，虽然有可能获利更多，但也有可能前功尽弃，最终竹篮打水一场空。

既然企业家控制和资本家控制这两种极端的治理机制都有缺陷，那么一种折中的治理机制可能是最优的。如果企业正常运营，那么就应该由企业家一直控制；如果企业出现严重亏损或破产风险，或者资不抵债，那么就应该将企业交由资本家控制。这就是根据情况来确定控制权转移的“相机控制”机制，即第三种治理机制。在实际操作中，债务契约就是一种典型的相机治理机制。当一个企业借债时，只要企业正常运营，能够偿还利息，债权人就只能拿取固定利息，此时企业控制权在企业家手中。但是，如果企业陷入财务危机，资不抵债，那么债权人就有权干预企业运营，甚至接管企业，对企业进行破产清算，以便最小化债权人的损失。

因此，在唐僧和资本家的融资契约中，最优的方案是：一开始由唐僧控制创业企业，如果企业正常运营，那么唐僧就继续控制企业。除非企业陷入财务危机，市场前景不妙，此时才由资本家柯皮特接盘。这样既能保证投资项目产生的总收益最大化，又能保证资本家的预期损失最小化。

 18.3 王志东与新浪的爱恨情仇

大家都知道全世界最大的门户网站是新浪，但是未必知道新浪的创始人是

王志东，因为王志东在2001年就被新浪董事会罢免了，从此消失在与新浪有关的所有新闻中。作为新浪的创始人，号称“中国网络之王”的王志东，究竟因为什么原因被迫离开新浪？在这场企业家与资本家较量的博弈中，为什么失去控制权的是企业家？

王志东，1967年出生于广东东莞，从北大无线电电子学系毕业后，成为一名富有创意的软件工程师。他是BDWin、中文之星、RichWin等著名中文平台的缔造者。1998年12月，他成功地引入风险投资，参与创办新浪网，并担任总裁兼CEO。彼时的王志东，是一个标准的硅谷型创业企业家。2000年，新浪在美国纳斯达克（NASDAQ）上市。然而，新浪上市一年多，一直处于亏损状态。2001年6月25日，新浪董事会一致决定，王志东已被终止公司总裁、首席执行官（CEO）及董事会董事职务，茅道临被任命为公司首席执行官。稍后，王志东召开新闻发布会，否认自己主动辞职，并质疑董事会决定的合法性。一石激起千层浪，原来内中有故事。不过，很快新浪就回购了王志东在关联公司所持有的股份。王志东“下课”事件成为当年互联网最热闹的新闻之一，引发了媒体关于“英雄本色 vs. 资本意志”的敏感话题。

尽管我个人从感情上同情王志东被新浪“赶出家门”，但是从经济学家的角度讲，新浪让王志东离职是一个理性的选择，这完全符合“相机治理”理论。在第一阶段，王志东作为企业家，获得了创业公司新浪网的控制权。在最初的几年，新浪迅速成为国内三大门户网站之一，并且在一年半之后成功在美国纽约上市，在这种情况下，企业家王志东应该保持对公司的控制权。在第二阶段，新浪从一个创业公司变成了一个上市公司，已经走上了正轨，此时新浪应该利用资本市场的优势为股东创造最大价值。但是，新浪连年亏损，而王志东没有拿出让董事会满意的盈利方案，并且在发展战略上与董事会发生冲突。此时，如果继续让王志东控制企业，可能会导致企业家为了个人意志而部分地牺牲股东的利益，不利于企业总体价值最大化。如前所述，当企业处于经营不良状况时，应该由资本家接管企业，确保资本家的损失最小化。事实上，新浪董事会任命的新首席执行官茅道临，非常擅长资本运作，曾任著名的国际风险

投资公司华登国际投资集团副总裁。这种接班人安排，符合保护股东或者资本家利益的原则。

本节实用管理法则

法则 1：一个有想法（或技术）没资本的企业家，和一个有资本没想法的资本家组成一个创业企业时，既不是单纯地企业家说了算，也不是单纯地资本家说了算，应该实行一种“相机治理”机制。因此，任何将企业家控制权终身化，或者将资本家控制权终身化的制度安排都是不合理的。

法则 2：如果企业正常运营，那么应该由企业家控制企业，这样能够保证企业价值最大化。

法则 3：如果企业陷入财务危机，或者市场行情不好导致资不抵债，此时应该由资本家控制企业，确保企业投资损失最小化。

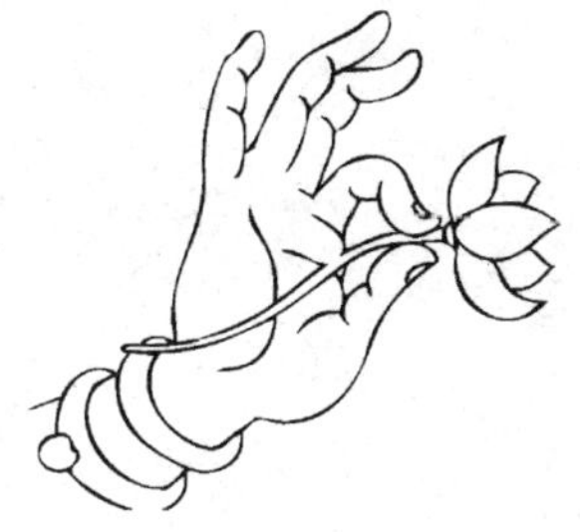

第 19 回
搞关系还是练内功?

 19.1 有背景的妖怪都平安无事

唐僧师徒西天取经，历经九九八十一难。风霜雨雪、翻山越岭倒是其次，最恐怖的是妖魔鬼怪一路作祟，唐僧多次羊入虎口，险些丧了身家性命。前事不忘，后事之师。取经团队完成任务之后，唐僧师徒每次聚会都会总结取经路上的经验教训，其中谈得最多的，就是当年妖怪的背景和下场。

有必要交代一下《西游记》里的社会背景。那时，整个世界一分为二，主要由两派力量统治。一派是天庭，归玉帝管辖，属于道教系统。天庭的管理范围包括天界、人间以及冥界，包括天上的神仙、地上的人类、山里的走兽、水里的鱼类和阴间的鬼魂。另一派是西天灵山，归如来佛祖管辖，属于佛教系统。天庭既是宗教政权，又是世俗政权，因此也掌管人间百态。而西天只是宗教政权，不能干预世俗社会的行政管理，只能影响佛教信徒的个人行为。当然，尽管灵山、落伽山、五台山等都坐落在人间，但它们都是佛祖或菩萨的道场，自然不归玉帝管辖。除了神仙、凡人，世间还有第三个物种——妖怪。没有成仙的妖怪理论上既不归天庭管辖，更不归西天管辖，属于权力的“真空”地带。

根据上述分类，唐僧师徒们仔细梳理了每一只妖怪出现的时间、地点、背景，也分析了制服妖怪的方式，然后归纳了妖怪的结局，最后总结了一张“妖怪来龙去脉表”（见表19—1）。

表19—1　　西天妖怪的来龙去脉

序号	地点	名称	背景	下场
1	黑风山黑风洞（第十七回）	黑熊精	无	被观音收为守山大神
2	黄风岭黄风洞（第二十一回）	黄风怪	灵山脚下得道的黄毛貂鼠	被灵吉菩萨押解到灵山

续前表

序号	地点	名称	背景	下场
3	白虎岭（第二十七回）	白骨精	无	被孙悟空打死
4	碗子山波月洞（第三十一回）	黄袍老怪	天宫 28 宿中的奎星	被贬给太上老君烧火
5	平顶山莲花洞（第三十二回）	金角大王、银角大王	太上老君的两个看炉童子	被老君收回
6	乌鸡国（第三十九回）	青毛狮子	文殊菩萨的坐骑	被文殊收走
7	火云洞（第四十回）	红孩儿	牛魔王与铁扇公主的儿子	被观音收为善财童子
8	黑水河（第四十三回）	鼍龙	西海龙王的外甥	被西海龙王太子收服
9	车迟国（第四十五回）	虎力大仙、鹿力大仙、羊力大仙	无	与悟空斗法死去
10	通天河（第四十九回）	灵感大王	观音莲花池的金鱼	被观音收回
11	金兜山（第五十回）	独角兕大王	太上老君的青牛	被太上老君收回
12	西梁女国琵琶洞（第五十五回）	蝎子精	曾在雷音寺听如来谈经	被昴日星官消灭
13	花果山（第五十八回）	六耳猕猴	无	被悟空打死
14	火焰山芭蕉洞（第五十九回）	牛魔王、铁扇公主和狐狸精	牛魔王曾是孙悟空结拜兄弟	牛魔王归顺佛家，铁扇公主隐姓修行，狐狸精被猪八戒打死
15	祭赛国乱石山碧波潭（第六十二回）	九头虫、万圣龙王及其女儿万圣公主	无	九头虫被二郎神打跑，万圣龙王被孙悟空打死，万圣公主被猪八戒打死
16	小西天雷音寺（第六十五回）	黄眉老佛	帮弥勒佛祖司磬的黄眉童子	被弥勒佛收走
17	七绝山（第六十七回）	蟒蛇精	无	被悟空打死
18	朱紫国麒麟山（第七十回）	赛太岁	观音菩萨座下金毛犼	被观音收走
19	盘丝洞（第七十三回）	七只蜘蛛精、蜈蚣精	无	蜘蛛精被孙悟空打死，蜈蚣精被毗蓝婆捉走

续前表

序号	地点	名称	背景	下场
20	狮驼国狮驼洞（第七十四回）	青狮精、白象精、大鹏精	分别是文殊、普贤的坐骑、如来“舅舅”	青狮、白象被文殊、普贤收走，大鹏被如来收买
21	比丘国清华洞（第七十八回）	白鹿精	南极仙翁的坐骑	被南极仙翁收走
22	陷空山无底洞（第八十一回）	老鼠精	李天王干女儿	被绑回天宫
23	隐雾山连环洞（第八十六回）	豹子精	无	被猪八戒打死
24	玉华县豹头山（第八十九回）	九头狮	太乙天尊的坐骑	被太乙天尊收走
25	金平府青龙山玄英洞（第九十一回）	三只犀牛精	无	被斩杀
26	天竺国毛颖山（第九十五回）	玉兔精	嫦娥饲养的玉兔	被太阴星君收走

从唐僧出大唐边界开始，到师徒到达灵山结束，一路上碰到了大小妖怪无数，其中主要的妖怪有 44 只。由于妖怪属于玉帝和佛祖管辖的灰色地带，因此普通的妖怪应该没有背景。然而，令人吃惊的是，表 19—1 显示，一半的妖怪（22 只）都有背景。其中，有西天（佛教）背景的有 9 只，占妖怪总数的五分之一：黄眉老佛是弥勒佛的家仆，大鹏精是如来佛祖的“舅舅”，青毛狮子是文殊菩萨的坐骑，青狮精和白象精分别是文殊菩萨和普贤菩萨的坐骑，金鱼精和金毛犼是观音菩萨驯养的宠物。此外，黄毛貂鼠在灵山脚下得道，蝎子精曾经在雷音寺听过如来讲经，也算与西天沾上了关系。

有天庭（道教）背景的有 9 只，也占五分之一：老鼠精是李天王的干女儿，黄袍老怪是天宫 28 宿中的奎星，金角大王和银角大王是太上老君的两个看炉童子，独角兕大王是太上老君的青牛，九头狮是太乙天尊的坐骑，白鹿精是南极仙翁的坐骑，玉兔精是嫦娥的宠物。此外，黑水河的妖龙是西海龙王的外甥，而龙王归玉帝管辖，因此也应该算作与天庭有关系。

另外还有 4 只妖怪算是“亲属”，就是牛魔王一家（牛魔王、铁扇公主、

红孩儿）另加牛魔王的“小三”（狐狸精）。牛魔王是孙悟空在花果山结拜的七兄弟之一，论辈分还是孙悟空的大哥。由于取经路上发生了利益冲突，牛魔王一家与孙悟空是“大水冲了龙王庙——一家人不认识一家人”。这也说明，在利益面前，兄弟友情也是靠不住的！

这些有背景的妖怪，不只是与天庭或灵山沾亲带故，大部分简直就是“皇亲国戚”。如来、弥勒佛、观音、文殊、普贤，还有太上老君、太乙天尊、李天王，这些都是灵山或者天庭最有权势的大人物。44 只妖怪中，剩下的一半都是没背景的，例如黑熊精、白骨精、蟒蛇精、蜘蛛精、蜈蚣精和犀牛精等。

分析完了妖怪的背景之后，唐僧等人将妖怪的背景与下落联系起来，结果发现了一个惊人的“规律”：凡是有背景的妖怪，被抓后都平安无事，甚至能够起死回生！像青毛狮子、金鱼精和青牛，被收服之后都被主人带回家了。而金角大王和银角大王本来被孙悟空用太上老君的葫芦和净瓶装进去了，化为血水，结果太上老君拿回法器之后，吹口气就让两个妖怪又变回金银二童子了。反观没有背景的另外 22 只妖怪，只有 3 只侥幸存活，其中黑熊精被观音收为守山大神，九头虫被二郎神打跑了，蜈蚣精被毗蓝婆捉走了，其余全部被悟空或者八戒打死，死亡率高达 86%！

分析至此，唐僧不禁感慨万千：看来还是要搞关系啊。关系硬，背景强，就算犯法了，也有人罩着你；关系不硬，背景不强，你还想学别人要流氓？到头来死都不知道怎么死的！由此可见，这做人跟做妖一个道理啊。怪不得西谚云：人的一半是天使，一半是魔鬼。在某种程度上，人是合法的妖，妖是非法的人。

19.2　关系是把双刃剑

若干年后，唐僧与柯皮特联合创立了“大唐三藏高科技有限责任公司”。作为公司的 CEO，唐僧无时无刻不在思考如何发展企业，实现利润最大化。

这其中让唐僧苦思冥想的一个关键问题是，如何处理企业与政府的关系？或者换个角度说，作为一个企业家，该把多少精力放在“市场”上，该把多少精力放在“市长”上？作为一个企业，又该把多少资源用于“练内功”，把多少资源用于“搞关系”？取经路上那些惊心动魄的经历，特别是对妖怪背景和下场的总结，让唐僧觉得殷鉴不远。他在想：如果关系硬、背景强，就可以为所欲为，那么企业家是不是应该把主要精力用于搞关系呢？

唐僧遇到的问题，也是当今企业界遇到的普遍问题，甚至可以说是一种“普遍诱惑”。权力就意味着资源，就意味着利润。因此，全世界的企业都不敢忽视权力的存在，甚至相当多企业在主动追求权力的青睐或干预。在市场经济发达的国家是如此，在市场经济转型或发展中国家更是如此。因为转型国家的政府权力更大，法制更不完善，寻租现象更为普遍。

一种广泛的权力寻租模式是：企业聘请政府在任官员或者前任官员担任董事会成员、高级管理人员或者顾问，或者将政府官员的亲属或朋友招聘到企业里，然后在市场准入、项目招标、政府采购、市场销售、融资借款、公司上市等重大环节上寻求官员的帮助，再通过高额的薪酬或者顾问费、课题费、咨询费等方式向相关官员进行利益输送。当代经济学或金融学文献将这种政企之间的利益输送现象称为“政治关联”（political connection），例如菲斯曼在国际顶尖的《美国经济学评论》（AER）杂志上发表了一篇开创性的论文（Fisman，2001），认为与印度尼西亚前总统苏哈托有政治关联的企业获得了巨额的回报，而苏哈托的突然死亡导致关联企业的股价下跌了大约四分之一，这四分之一可以被估算为政治关联的商业价值。

“政治关联”说白了就是跟政府搞关系。既然跟政府或官员搞好关系，可以让企业拿到某些管制行业的牌照，可以更容易借到银行贷款，可以更好地获得政府的采购业务，企业是不是该把主要精力放在与政府搞好关系上？未必如此。首先，与政府搞关系本身是一种“灰色”行为，可能涉嫌违法。对在任官员进行利益输送和行贿是明显的违法行为，对前任官员进行利益输送可能破坏公平的市场竞争秩序，属于“打擦边球”的行为。任何一个政府都希望消除腐

败行为。一旦企业涉及腐败问题，企业的股价和融资可能会发生剧烈的波动，影响企业的正常稳定发展。毕竟，没有一个投资者愿意将资金投入一个面临政治风险和法律风险的企业。今天的安全不代表明天的安全。

其次，关系是把双刃剑。任何事情都有成本，世界上不存在只有收益而没有成本的事情。一方面，与政府官员搞好关系可以让企业得到很多实惠，另一方面，如果搞搞关系就可以轻松挣钱，企业怎么会有动力去创新技术、提高品质和谋求长远发展呢？根据国际著名生物技术公司罗氏制药的权威数据，一种药物从最初的实验室研究到最终上市销售，平均要花费 12 年时间，需投入 66 亿元人民币、700 万个小时、6 500 个实验和 420 个研究者。而与一个官员搞关系，可能就是几顿饭的功夫。如果一个制药企业通过与药物主管部门搞关系就可以拿到“新药”的批文，然后通过与医院搞关系就可以高价在医院销售，谁还会去花费十几年时间辛辛苦苦地研制新药？这可以解释，为什么即便像葛兰素史克这样全球著名的药企，也会在世界多个国家卷入行贿丑闻。根据新闻报道，葛兰素史克中国公司为达到打开药品销售渠道、提高药品售价等目的，利用旅行社等渠道，向政府官员、医药行业协会和基金会、医院以及医生等行贿。这一丑闻将给葛兰素史克在中国的业务带来致命打击，最终导致企业和有关官员由利益上的“双赢”变成“双输”。更可恶的是，一些企业不仅通过搞关系为自己直接牟利，而且陷害竞争对手，扼杀对手的创新产品。为什么谷歌、微软、苹果和 Facebook 这样的创新型企业出现在美国？这显然得益于美国严格的产权保护和市场竞争环境。

19.3　企业家要与政府保持距离

跟政府官员搞关系会有风险，但光练内功也不利于企业拓展资源。作为一名企业家，应该如何处理与政府的关系呢？有一天，唐僧请来 RUC 弗雷德管理咨询公司首席顾问牛博士，一边喝茶，一边坐而论道。

牛博士认为，企业如果与政府的距离太远，那么就无法享受到优惠政策，也难以通过合法的手段获取企业发展的资源。但如果与政府距离太近，难免牵涉到政治斗争或者腐败问题，最终陷入其中，导致企业丧失发展后劲。凡事皆有度，但对“度”的把握，要依靠经验和悟性。他建议企业必须遵循三条基本原则。第一，坚决不踩“红线”，即不做违法的事情。违法行为包括：对官员行贿，偷税漏税，违反产品质量标准或安全生产标准，以及其他经济犯罪或刑事犯罪问题。不管是不是有这样的机会，也不管企业面临多么严重的困难，企业都不应该违背法律去搞关系。否则，即便企业获得了暂时的发展，也会埋下隐患。第二，坚持少踩“灰线”。由于法律不完善，制度不完备，肯定有很多法律上的空子可钻。例如，企业通过变换账目去避税，变相吸收存款，污染生态环境，拖欠商业信贷，等等。如果企业不是处于生死存亡的转折点，或者与竞争对手较量的关键时刻，尽量不要“打擦边球”。有时候，在政治斗争的影响下，“打擦边球”可能会被竞争对手利用，变成违法行为。第三，尽量通过“正面行为”巩固政府关系。这里说的正面行为，是指向政府或有关群体定向提供捐赠、捐款、奖励或赞助等行为，这些属于政府鼓励的“企业社会责任”。企业做这些事情，不仅有利于提高企业形象，向社会传播了“正能量”，而且可以光明正大地巩固与政府的良好关系。

经过牛博士的一番点拨，唐僧顿时觉得拨云见日，醍醐灌顶。看来，“三藏高科”要做“百年老店”，不仅要通过功德捐赠、社会慈善和传经布道巩固与唐朝政府的正常关系，更要修炼内功，钻研新产品，开发新技术，扩展新市场，琢磨管理新思路。

本节实用管理法则

法则 1：企业要与政府保持适当距离。与政府的距离太远，企业就无法享受到优惠政策和获取更多发展资源。与政府距离太近，则难免会牵涉到政治斗

争或者腐败问题，最终导致企业丧失发展后劲。

法则 2：企业在处理政府关系时，必须坚持三个基本原则：第一，坚决不踩“红线”，不做违法乱纪的事情。第二，坚持少踩“灰线”，除非必要，否则少钻法律空子，少“打擦边球”。第三，尽量通过“正面行为”巩固与政府的关系，根据企业实力多做慈善，多尽企业社会责任。

第 20 回

为什么灵山的佛塔那么高？

20.1 灵山正在大兴土木

西天取经项目圆满结束之后，唐僧被封为旃檀功德佛，然后回到东土大唐，坐镇白马寺传送真经，转眼之间唐僧已有几年没有回西天灵山了。这次借参加一个国际学术研讨会的机会，唐僧再度回到灵山。几年没见，灵山几乎发生了翻天覆地的变化。最明显的感觉是，灵山的寺庙变得更多了，更豪华了。唐僧刚到灵鹫峰下，就看到一座新建的山门直插云霄，比南天门还高，上刻四个大字“西天灵山”，仿佛夜空里的四颗龙珠金光闪闪。再拾级而上，天王殿、护法堂被粉饰一新，大雄宝殿至少加高了三层。回首远眺，但见一片片新建的庙宇巍峨雄壮，一座座新建的佛塔高耸入云，气势无比壮观！

唐僧入住的“灵山国际会议中心”也是新建的，有99层高，取“九九归真”之意。会议中心依山傍水，设施齐全，功能完善，富丽堂皇，据说是七星级酒店标准。内设18套“佛祖套间”，每晚费用高达50两黄金，足够在长安买一座房子！因为唐僧是以“佛”的身份受邀参会，不必自掏腰包，否则光是这几天的住宿费用，白马寺一年的香火钱都不够啊。唐僧感到挺心疼，又挺不解：出家人四大皆空，六根清净，搞这么气派干什么？

负责接待的执事僧非常自豪地告诉唐僧，灵山香火日益兴隆，每年来朝拜的信众数以千万计，给接待带来了很大的压力。因此，为了更好地满足信众的需求，灵山这几年一直在扩建楼堂馆所，准备将灵山方圆50里的地盘纳入灵山核心区域，目前正在和周边的地主以及土豪们商谈买地事宜。不仅要在灵山扩张，而且佛祖还打算在全世界扩张。执事僧还神秘兮兮地透露：未来五年，灵山要在全球建造50个国家级支部，作为大雷音寺的分院。四大部洲中，南赡部洲人口最多，可能设立20个分院，其中东土大唐至少设立10个。一听到这里，唐僧突然有点惶恐不安起来。在他进驻白马寺之前，东土已经有少林寺

等著名寺庙，它们很可能会挂牌成为第一批雷音寺分院。如果自己的白马寺不能作为雷音寺分院，不仅少了很多经费，关键是扫了自己作为西天取经回国“第一海归”的面子，因此务必积极争取这个指标。于是，唐僧心不在焉，和执事僧敷衍了几句，急匆匆去面见如来佛祖了。

20.2　如来透露了灵山的秘密

几年没来灵山，唐僧既是如来的弟子，又算灵山的贵客，因此他很快就见到了如来。如来在装饰精美的茶堂接见了唐僧，见面就笑呵呵地问：“玄奘，自你坐镇白马寺，一别数年了，别来无恙啊？”唐僧恭敬地回答：“阿弥陀佛，弟子一切尚好。灵山万象更新，令弟子不胜感慨啊。”如来微笑着说：“不仅仅是感慨吧，你有何心结，不妨说来我听。”唐僧犹豫了一下，还是斗胆询问：“弟子确有一事不明，斗胆向佛祖请教。我等出家人四大皆空，六根清净，可是灵山为何大兴土木？是否有营造奢靡之风的嫌疑？”如来听了，哈哈三笑，接着给唐僧分析了目前的形势，透露了灵山大兴土木的秘密。

当今天下三分，佛教、克里斯教和阿尔色教可谓三足鼎立。佛教发端于迦毗罗卫国，在西牛贺洲占据绝对影响，又由于唐僧西天取经，如今在东土大唐广为传颂，有成为国教的趋势。克里斯教滥觞于北俱芦洲，发展非常迅速，信众不少于佛教。阿尔色教起源于南赡部洲，信众较多，而且非常团结。尽管灵山以及各处佛教寺庙香火鼎盛，但是在激烈的竞争格局下，形势不容乐观。天下地盘虽大，但你佛教若不普度众生，克里斯教或阿尔色教便要乘虚而入，这实际上是一场没有退路的“零和博弈”。

那么，怎么才能扩大佛教的影响，同时又遏制竞争对手呢？实不相瞒，佛祖曾经为此彻夜难眠，劳心伤神，终于想到了一个高招，名为“进入威慑策略”（entry-deterring strategy）。这一竞争策略的核心就是，以超过实际需要的力度广建寺庙，提前消耗潜在对手的资源，从而阻止对手进入自己的势力范围。具体操作表现为：大兴土木，建造超过实际需要和超级豪华的佛教寺庙，以此吸引更多佛教信众并吸纳更多捐赠；然后利用更多捐赠继续大兴土木，使得信众的钱财除了生活与生产，全部变成佛教寺庙的捐赠，最终迫使其他宗教不战而退。根据如来佛祖的分析，灵山大兴土木，至少有三重战略意义。

第一，巩固了佛教的地盘。信仰是什么？就是“信则灵，不信则不灵”。那怎么让老百姓信呢？首先就要从气场上营造宗教的恢弘气势，让人震惊，让人膜拜，才能让人信服。通过大兴土木，建造超过实际需要的更多、更大、更高的佛教庙宇，能够让信众更加臣服于佛教的力量，让半信半疑的人从此信服，让不信的人至少对佛教充满敬畏，不敢亵渎。试想，一个普通百姓，走进一座富丽堂皇、美轮美奂、高耸入云的佛教殿堂，聆听那美妙动人的音乐，感受那神秘肃穆的气氛，看到现场信众虔诚跪拜，有几个不被感染？不但佛教如此，经过商业情报机构调查得知，克里斯教的殿堂甚至造得更加奢华，据说穹顶上一幅图画就耗时十年方才完工。据后世的经济学家分析，一些教派确实采取了进入威慑策略来抢夺其他宗教的地盘（Bercea et al.，2005）。

第二，加大了对当地的政治、经济和社会活动的影响。在有宗教力量的地区，人们的生老病死都离不开宗教。出生时要请高僧大德取名字，结婚前要验双方的生辰八字，结婚和建房时要算黄道吉日，结婚后要来跪拜观音求子，生病时要请神灯祈福，去世后要请人超度，先人托梦时还要做水陆法会，哪一步离得了佛教？这些业务做好了，都会给寺庙带来功德（捐款）。对于灵山的收费问题，唐僧对此可是感触颇深。当年唐僧来西天取经时，阿傩、伽叶居然要唐僧缴纳“人事”（贿赂），最后不得不送出唐太宗御赐的紫金钵盂，方才取得真经。这事如来也知道，居然就默认了！①

这还不算，灵山还专门针对信众的需求，广纳善款。在大雄宝殿旁边，灵

---

① 由此可见，灵山（佛国）也有腐败，更不必说天庭和人间了。不过蹊跷的是，在《西游记》第九十二回，孙悟空等斩杀了三只犀牛精，四只犀牛角进贡玉帝，一只留在当地，当时孙悟空还特意留下了一只犀牛角，说是“我们带一只去，献灵山佛祖”（第688页）。为什么事后没有及时给佛祖献上犀牛角呢？

山专门修建了一个“一站式”购物广场，名曰“灵山法物流通中心”。在那里，信众可以买到大师开过光的佛珠、转经筒、佛像、菩萨像、佛龛、香烛、烛台、茶具以及经书等。一些稀缺的法物价格不菲，但购物者依然前赴后继。这几年，由于信众太多，后勤接待有点跟不上，于是灵山先后修建了一批高档饭店、宾馆、茶楼和国际会议中心。比如“佛缘饭庄”，主营素斋，大厨们能够用上好的素材作出荤菜的模样，栩栩如生，口感超好！其中的招牌菜是“红烧排骨”，仔细看跟真的红烧排骨毫无差异，细细看其实就是豆腐做的。这类菜品既吊起了居士们的美好胃口，又满足了他们信佛“吃素”的心愿，因此素斋饭店门庭若市，门外还有很多顾客排队等候。灵山几乎没有淡季，任何时候信众要想在地段好的饭店吃顿上好的饭菜，都得花几十两银子。关键是，灵山的所有商业经营设施都是垄断经营，只此一家，别无分店。顾客根本没有砍价的能力，恐怕也不敢有这个心思。这是什么地方？灵山！跟佛祖菩萨砍价，说明自己心不诚，心不诚则信不灵，信不灵则福不满。因此，灵山的商品，对消费者来说价格弹性为零！[①] 可想而知，就凭这些第三产业，灵山每年的功德收入都是盆满钵满。

第三，阻止了对手进入佛教的市场范围。佛教寺庙越是豪华，吸引的信众就越多，信众也就越愿意对佛教慷慨捐资。反过来，佛教吸引的捐赠越多，就越可以建造更漂亮、庄严的寺庙，从而进一步巩固佛教在信徒中不可替代的神圣地位。据说，一些虔诚的居士之家，把钱财看做身外之物，除了衣食住行开支和生产性投入，居然将剩下的钱全部捐给寺庙了。如果多几个这样忠诚的信徒，其他宗教哪里还有发展空间？要知道，任何一个地区，市场容量都是固定的，不是你的，就是我的，既然是我的，就不再是你的。

听了如来一席话，唐僧胜读十年书。他不禁感慨万千：高，实在是高啊！若干年后，当人们沉醉于诗人杜牧的“南朝四百八十寺，多少楼台烟雨中”所营造的朦胧意境时，又有多少人洞悉了背后的惊人天机？

① 价格弹性为零意味着，不管价格多少，消费者都愿意购买，对价格根本不敏感。

20.3 进入威慑策略导致产能过剩

从20世纪90年代开始，中国很多地区都出现了“产业结构趋同，重复建设严重”的局面。特别是钢铁、水泥、玻璃、多晶硅、造船、电解铝和化肥等行业，出现了非常明显的企业产能过剩。不可否认，这一方面是地方政府官员在创造GDP的政绩冲动和谋求升迁的压力下，与本地企业“合谋”导致的后果。但另一方面，从企业的进入威慑策略角度看，这其实是企业主动选择的理性行为！为什么企业要故意提供“过剩产能”呢?

企业通过扩大规模，首先可以吸收更多原材料和中间产品，从中获得规模经济；其次，通过营造“产能过剩”的市场格局，可以迫使竞争对手退出市场，或者阻遏潜在竞争对手进入市场。既然产能已经过剩了，市场供过于求了，价格必然下降。此时，中小规模的企业由于缺乏足够的规模经济，无法摊薄固定成本，价格下降空间不大，因此最容易被挤出市场。潜在对手一看市场已经饱和，再进去只能亏损，因此就会放弃进入市场的计划。最终，只有那些规模大、成本低的优势企业可以生存下来。等经济形势好转时，存货逐步消耗了，过剩的产能就变成了实际的产能。可见，过剩产能是优势企业选择进入威慑策略的必然结果。实际上，诺贝尔经济学奖得主斯彭思教授就认为产能过剩是企业的理性行为（Spence，1977）。明白了这点，政府制定产业政策时，就应该尽量减少对企业的干预或行政管制。

但是要注意，通过过剩产能来阻遏对手进入市场的策略，仅限于规模大、成本低的优势企业采取。过剩产能意味着沉淀的固定投资，会直接消耗企业的现金流，而现金流就是企业的血液，现金流一旦短缺企业就会立即死亡。对于普通的中小企业而言，或者刚刚处于盈亏平衡点的企业而言，故意制造过剩产能会让企业陷入财务危机，无异于飞蛾投火。灵山作为天下第一寺庙，自然有这个实力来玩这种高招。普通小寺小庙若是邯郸学步，恐怕早就关张大吉了。

因此，有些竞争策略注定是“高大上”的，没有那个实力，千万别玩火自焚！

本节实用管理法则

法则 1：通过扩大规模，有意制造“过剩产能”，企业可以实现规模经济，并且通过创造供过于求的市场格局，迫使竞争对手退出或者不进入这个市场。这是一种进入威慑策略，可以使得企业在外部竞争压力下，维护自己的权力和地位。

法则 2：进入威慑策略仅适用于规模大、成本低的优势企业，不适用于规模小、成本高的中小企业，因为制造过剩产能会提高固定成本，消耗现金流，使企业陷入财务危机之中。

法则 3：优势企业在使用进入威慑策略时，要注意将该策略与经济周期结合起来。一般来说，应该在产业处于低潮时扩张，因为此时原材料、中间产品价格较低，或者干脆收购即将破产的中小企业，来扩大产能。然后，在经济形势向好时，逐步消耗存货，使过剩的产能逐步消化，但不宜在此时再扩大产能。

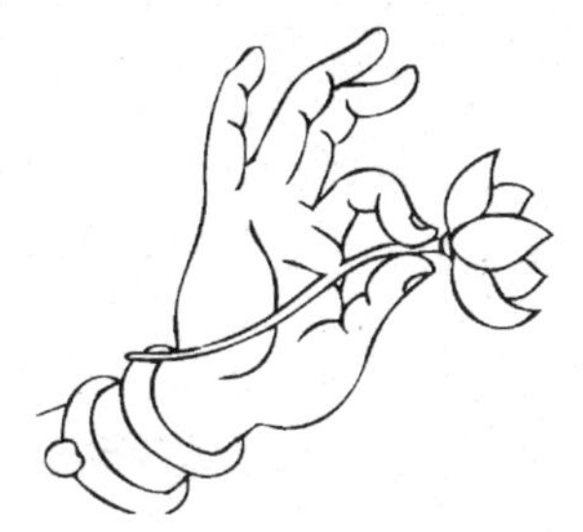

第 21 回
如来应该集权还是分权?

（友情提示：本节内容比较复杂，没有实际工作经验的读者可以略过！）

21.1 政令不出雷音寺

如来佛祖实施市场进入威慑策略之后，西天灵山在全球大规模超常规扩张，可谓“安得广厦千万间，大庇天下信众俱欢颜”。一时佛教势力雄踞天下，宾服四洲。如来起初当然高兴，近来却渐生烦恼。还有如来搞不定的事？有，因为如来此前从未管理过如此庞大的一个全球性组织。目前，灵山已在大雷音寺设立总部，并在东胜神洲、南赡部洲、西牛贺洲和北俱芦洲四大部洲各自设立了一个灵山分部。在分部下面，针对主要国家设立了灵山支部；在支部下面，针对重要的地区和市县分别设立了灵山办事处和代表处。同时，佛教的业务范围也越来越广，每个寺庙通常有多个职能部门：修行部，主要负责僧人修行、诵经和钻研佛法；后勤部，主要负责僧人的衣食住行以及各种生活物资采购；信众部，主要负责接受信徒的捐赠以及承接各种法事；资产处，主要负责寺庙修建，管理寺庙所拥有的良田、菜地以及山林等资产，还包括进行各种投资；保卫处，与武僧团是“一套班子，两块牌子”，负责安保以及习武。此外，还有外联部以及信息中心等支持性部门。总之，当下的灵山，在横和纵两个方向上迅速扩张，各种业务和职能部门叠床架屋，导致了管理上的混乱。办事的人搞不清楚一项业务该找哪个部门；各个部门之间有时相互推诿，有时又争权夺利；上下级机构之间信息不畅，有时甚至“政令不出雷音寺”！

如来自己就接到过多次投诉。一次是北俱芦洲分部的犁軒支部负责人，他想在犁軒国扩建寺庙，要求灵山总部予以投资，其上级机构北俱芦洲分部负责人同意了，但是灵山总部的资产处否决了，否决的理由是犁軒国的周边邻国寺庙林立，供过于求，恐怕会导致相邻诸国的寺庙出现恶性竞争。北俱芦洲分部负责人和灵山总部资产处负责人讨论了几次，互不相让，一个要做大政绩，一个要抑制重复建设，似乎都有道理，最终吵到佛祖这里来了。还是佛祖英明，

各打五十大板，让犁靬国支部按原计划的一半扩建，算是给了双方面子。但如来觉得自己其实很没有面子，这算哪门子“管理”？要是下级知道上级会打折扣，以后报计划时直接多报一倍不就完了？另一次是西牛贺洲分部的负责人。西牛贺洲分部下属的粟特支部上报了一个“骨干僧人提升计划”，要求将 5 个大和尚提升为菩萨级别，将 10 个资深僧人提升为罗汉级别。西牛贺洲分部批准了这一升迁方案，但是被灵山修行部推翻了。灵山修行部认为，粟特支部这几年业绩平平，规模不大，不应分配这么多提升名额，而西牛贺洲分部明知此事，却睁眼闭眼，有合谋套取上级编制的嫌疑。结果西牛贺洲分部负责人跑到如来这里告状，说灵山修行部不支持地方工作，本位主义太严重。听上去几个部门“公说公有理，婆说婆有理”，此事就一直悬而未决。

实际上，灵山正处于一个创业企业发展的典型阶段，就是业务规模的扩张速度超过了管理水平的提升速度。就好比农民洗脚上田，突然挣了一笔大钱，光顾着在邻居面前露脸，却不知道下一步的危险。灵山如果机构臃肿，上下不通，各地寺庙势必失控，到头来竞争对手乘虚而入，那么进入威慑策略就是“竹篮打水一场空”！怎么办？在灵山组织的全球高级干部研修班上，身兼“灵山干部进修学院院长”的如来佛祖忧心忡忡地向学员们坦承了灵山目前在管理上的难题，并要求学员们将这一难题作为本期研修班的毕业论文主题。

下课后，从东土赶来参加研修班的唐僧特意留下来，陪如来在云雾缭绕的灵鹫峰散步。唐僧得知如来的心病，建议如来聘请一个专业的管理咨询机构进行诊断并开出药方。如来问，找谁合适呢？唐僧说：“弟子此前在人事考核以及政企关系方面曾经请过 RUC 弗雷德管理咨询公司的首席顾问牛博士帮忙，效果甚佳，佛祖不妨一试。”如来问：“这个牛博士很牛吗？”唐僧答：“牛博士是哈佛大学经济学博士后，水平没问题。”于是，灵山邀请了 RUC 弗雷德管理咨询公司的首席顾问牛博士来西天把脉问诊，解决日益严重的组织结构混乱问题。那么，牛博士有什么高招呢？

21.2 灵山的组织结构图

牛博士首先了解了灵山的详细情况，并特别留意了如来佛祖提到的两个投诉案例。在牛博士看来，灵山机构混乱的核心问题是，没有理顺“条块”关系。然后，牛博士拿起笔来，根据灵山的现状和下一步的调整预案，画了一张“灵山组织结构图”（见图 21—1），并给如来做了解说。灵山在全球的组织机构可以分为两大板块，也可以说是两个维度。（1）第一个维度是区域板块，灵山是全球总部，位于图 21—1 的顶端，然后下面是四大部洲分部，再下面是各主要国家的支部，最下面是各省区及重要市县的办事处或代表处。每一层级的多个分部、支部、办事处或代表处构成了一条条平行的横线，每个分支机构下面又包含了修行部、后勤部等职能机构，构成了一个个功能齐全的方块，因此这类机构被形象地称为“块块”。（2）第二个维度是职能板块，包括修行部、后勤部、资产处、保卫处，以及外联部和信息中心等支持性部门，每个机构都对应管理所在区域及其下属区域的业务。例如，灵山修行部要管理灵山总部的修行业务，还要指导四大部洲、各省区乃至市县的修行业务。如果将每个职能部门负责管理的各级业务连起来，例如“南赡部洲分部修行部——大唐支部修行部——江南道办事处修行部——临川县代表处修行部”，就构成了一个自上而下的长条，因此这类机构被称为“条条”。

介绍了灵山的组织结构现状之后，牛博士接着指出，如来提到的两个投诉案例，其实突出地反映了灵山“条条”和“块块”之间的矛盾。以第一个案例为例，北俱芦洲及犁靬国从“块块”的利益出发，希望扩建寺庙，但灵山资产处从“条条”的角度出发，认为扩建会导致邻国之间的恶性竞争。经过牛博士一番条分缕析，如来对灵山的机构设置了如指掌，对问题也一清二楚。但是接下来怎么解决这个“条块分割”的难题呢？在机构管辖方面，是以“条”为主，还是以“块”为主？且听牛博士的高论。

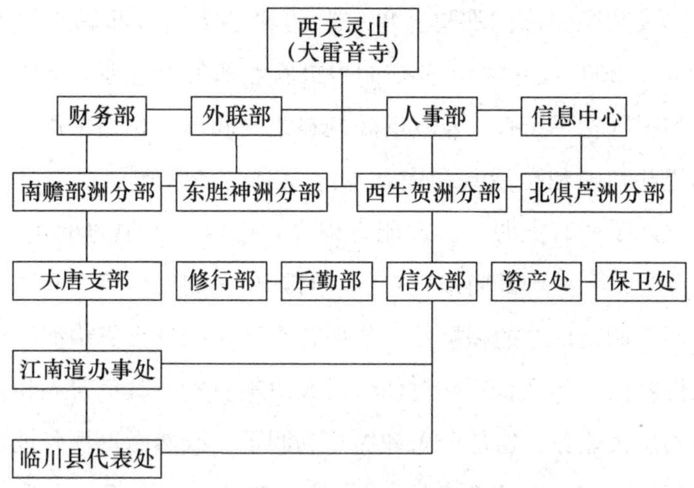

图 21—1　灵山全球组织结构图

21.3　集权 vs. 分权

牛博士认为，从管理体制上讲，所有的组织结构都可以分为三种类型：单一制、事业部制和矩阵制。每种类型各有优劣，企业应该根据自己的实际情况选择最适合的组织结构。没有最好的制度，只有最适合的制度！

单一制是一种集权体制，即总部掌管各级区域分支机构的重大决策权，包括人事权、财务权和投资权等，各个分支机构（“块块”）不管处于何种层级，都必须直接服从总部的命令。总部通过其所有的职能部门（“条条”）来贯彻对分支机构的管理。单一制也称 U 形体制，因为它代表“集中的”（unitary）决策机制。在单一制下，地方的“块块”（区域性机构）实质上都是总部的平行派出机构，并无实权，实权都在总部的“条条”（职能部门）那里，每个“条条”自上而下只管理自己负责的那块业务，因此单一制也称“垂直管理体制”。举例来说，假如大唐支部要建一个宾馆，它必须先向南赡部洲分部资产处申请，然后再向灵山总部资产处申请。南赡部洲分部负责人无权直接批准，因为决策权在总部及其职能部门那里。单一制的典型案例是苏联的中央集权体制(Maskin et al.，2000)。例如，苏联的中央农业部负责管理苏维埃联盟下属的所有加盟共和国（相当于省）及其下属的自治共和国（相当于州）的农业生产事务，各加盟共和国和自治共和国基本上没有经济管理实权。单一制的好处是，总部掌握几乎所有资源，协调能力很强，可以“集中力量办大事”。在将一些稀缺资源配置到关键部门或重点区域时，单一制的优势尤其明显。但缺陷是：首先，不能调动地方的积极性。如果各个区域的分支机构都没有实权，只是总部的执行机构，那么就不必对任何重大决策负责，其负责人和管理层自然就没有激励去扩大业务、增加产出和提高利润了。既然做得再好也是上面的功劳，做得不好则可能是自己的责任，“块块”领导人就会想尽办法规避风险和推脱责任。其次，在信息不对称条件下，集权会导致决策效率低下。分支机构越多，离总部越远，中央和地方之间的信息不对称程度就越严重，决策也越慢，无法对市场需求及时作出反应。著名相声演员马季曾经讲过一个相声《多层饭店》，故事如下：一个客人住在一家国营饭店，要吃一碗面条，但面条在该饭店不是“标配”，需要服务员向领班、饭店经理、市委书记逐级申请指标。最终，三天后，在旅客踏上回程的火车时，一碗面条终于批下来了！

事业部制是一种分权体制。一般的做法是，总部根据区域设置分支机构，各地分支机构代表总部行使各项决策权，下属职能部门归分支机构管理。例如，南赡部洲分部就是灵山在南赡部洲的最高领导机关，负责该洲的进修、后勤、信众、资产和安保事务，并领导下属的大唐支部。如果大唐支部要新建一个宾馆，应向南赡部洲分部申请，南赡部洲分部可以直接决定，而不必再报给灵山总部资产处批准。这种按照归属地进行业务管理的方式，也称“属地管理”。另一种不太常见的做法是，根据企业的产品类别设置不同的“事业部”，每个事业部就相当于一个区域性分支机构。例如，海尔集团曾下设白家电事业部（冰箱、空调等）、黑家电事业部（电磁炉、电饭煲、微波炉等）、数码产品事业部、整体厨房事业部和地产事业部五个板块。不过，由于地理位置是决定人员和生产要素流动的主要因素，因此即便是按产品设置事业部，最终也必须

落实到区域性机构的设置上。不管是按地域还是按产品设置事业部，每个事业部（或区域机构）都是独立核算的成本中心和利润中心，拥有重大决策权。中国目前的行政管理体制近似于事业部制。中央、省、市、县、乡五级行政管理机构，每一级政府设置了不同的职能部门（发改委、财政局、工商局、公安局、教育局等）来管理辖区内的全部政治经济和社会事务（海关、银行等少数部门实行垂直管理），并且下级对上级负责。事业部制的优点有两个：能够调动地方机构或事业部的积极性；能够更快地利用本地信息作出决策。缺点也有两个：一是事业部之间可能缺乏协调；二是事业部一旦做大，可能“尾大不掉”，有实力的事业部甚至可能抗衡总部，造成“藩镇割据”的严重后果。

矩阵制是单一制和事业部制的折中体制。在矩阵制下，一方面，横向的“块块”（区域机构）拥有主要的决策权，这有利于调动地方的积极性；另一方面，总部保留了一些重大的决策权，并通过纵向的“条条”（职能部门）来自上而下行使，这有利于总部加强协调。此时，一个地区分支的下属职能部门，同时受到横向的本级“块块”和纵向的上级职能部门领导，一横一纵就构成了一个矩形，因此称为“矩阵制”。在矩阵制下，灵山大唐支部资产处如果要新建一个宾馆，必须首先得到大唐支部的批准，然后得到上级南赡部洲分部的资产处批准。矩阵制的典型案例是美国政府的行政管理体制。美国是联邦制国家，各州拥有独立的宪法和法律，对本州或地方事务拥有最高决定权。但是，一些跨州的事务则由联邦各个部门负责。例如，本地的刑事案件由当地警察局负责，但是所有跨州的犯罪案件由联邦调查局（FBI）负责，而且 FBI 在各州或主要城市设立的办事处直接隶属 FBI 总部，不受当地政府管辖。

听到这里，如来迫不及待地问：“既然矩阵制结合了单一制和事业部制的好处，看来是最好的。那为什么全世界的组织结构不都是矩阵制呢？”牛博士笑了一笑，赞赏道：“佛祖高明！俗话说，天下没有免费的午餐。经济学的核心原则就是，每一件事有利就有弊，利弊权衡才能产生最优结果。的确，矩阵制更为完善，因此成为目前政府、跨国公司或大型机构的主流模式。但矩阵制的问题在于，究竟哪些部门应该实行垂直管理，哪些部门应该实行属地管理呢？如果业务类型划分不当，就可能同时带来单一制和事业部制的双重弊端。”牛博士举例说，如果建造一座新寺庙既要本级的领导机构批准，又要上级的资产处批准，万一这两个领导机构意见不同怎么办？如果它们相互推诿又怎么办？如来问，那依牛博士之见，该如何划分业务类型和机构性质呢？牛博士想了一想，提出了“一个中心，三个基本点”。

“一个中心”是，以属地管理为中心。像西天灵山这样的全球大型组织，所涉幅员辽阔，区域差异极大，业务范围又很多元，必须充分调动各地分支机构的积极性，因此应该将分权作为中心原则，大多数业务都应实行属地管理。但以下三类业务应该集权，它们构成了垂直管理的三个基本点。第一个基本点是，涉及外部性的业务宜垂直管理。所谓“外部性”（externality），就是一个人的行为会对他人产生影响，但行为人并不将这种影响考虑在内。比如，北俱芦洲分部犁靬国支部要扩建寺庙，这能增加本地信徒数量和收入，对犁靬国支部当然是有利的。但是，周边寺庙已经供过于求，这会导致相邻诸国为了拉拢信徒而进行恶性竞争。比如，竞相降低香火钱、住宿费，甚至在水陆法会上削减成本来降低价格，长远来看会降低佛教的产品和服务品质，破坏佛教的整体声誉，这就是一种负的外部性。犁靬国支部从自身的短期利益出发，不会将这种负外部性考虑在内，但灵山总部不能不将外部性考虑在内。因此，灵山总部应该对全球新建寺庙进行分区域、分国家的总量指标控制，在总量控制范围内，各个分支机构有权做主。第二个基本点是，涉及区域之间协调的业务宜垂直管理。集权的优势就是协调，因此对于经常需要从全局层面进行协调的业务，应该由总部集中管理。例如，各区域、各国以及各省市的灵山分支机构之间需要经常沟通信息。如果让每个分支机构各自建一套邮政通信系统，不仅重复建设，而且效率很低，难以无缝对接。而由灵山总部信息中心统一负责通信网络的建设，不仅可以大大节约成本，而且有助于灵山总部掌控全局信息，加强宏观调控功能。第三个基本点是，有可能导致下级合谋的业务宜实行垂直管理。属地管理有一个弊端，就是地方做大，上下级之间进行合谋，欺骗总部。对此，对于一些容易合谋的业务必须由总部的职能部门集中管理。一个突出的

例子就是每年的考核与升迁问题。当地主管部门谁也不愿得罪同事或下属，因此尽可能让所有人都通过考核，并且大部分是优秀，导致考核有名无实。升迁也是，不断想方设法突破指标限制，导致“官多僧少”，人浮于事。

根据牛博士的建议，如来佛祖重新设计了灵山的组织机构图。首先，对基本业务实行属地管理，由四大部洲分部代表灵山总部全权负责。灵山总部对四大部洲分部实行“权力下放，责任承包，盈亏自负”的方针。其次，灵山总部将修行部、后勤部、信众部、资产处和保卫处等职能部门的管理权限下放到地方，归属各级分支机构管理。再次，灵山总部组建四个垂直管理的职能部门，其中财务部负责核定各区域分支机构的拨款数量，并承接原总部资产处的职能，统筹安排各地区投资预算；人事部承接原来修行部的部分职能，负责考核与任命各部洲分部和国家支部的主要负责人，其余中层领导以下的考核与任命权限下放给各分支机构的修行部；外联部统一代表西天灵山与各国政府进行交往，各分支机构无权代表灵山进行国家层面的外事交流；信息中心负责灵山全球机构的通信，并统一安排灵山的对外宣传。为了避免重复交叉，灵山还规定：对于普通业务，如果承办者同时受本级分支机构和上级职能部门双重领导，以本级分支机构的意见为主；对于“三个基本点”的特殊业务，以上级职能部门的决定为主。

机构改革方案实施不久，效果显著。如来笑呵呵地对牛博士说：“善哉！听君一席话，胜读十年经啊。”

本节实用管理法则

法则 1：有三种主要的组织结构：单一制、事业部制和矩阵制。单一制属于集权管理方式，适合规模小、专业性强的中小企业，尤其是处于创业阶段的企业，便于总部或创始人牢牢把握企业的发展方向。事业部制属于分权管理方式，适合规模大、产品差异性大或者分支机构的地理差异性大，同时业务或职能机构之间不存在交叉或协调的大型企业，这样可以更好地调动地方的积极性，并充分利用当地信息对市场作出灵敏反应。

法则2：如果企业的规模大、产品差异性大或者分支机构的地理差异性大，并且业务或职能机构之间经常存在交叉或协调问题，那么适合采取矩阵制。在实行矩阵制时，对于一般业务可以放权，实行属地管理，对于以下三类业务宜实行垂直管理：容易产生外部性的业务；需要多部门协调的业务；容易出现下级合谋的业务。

法则3：没有永恒不变的组织机构。当组织的内部或外部环境发生变化时，应该适时调整组织结构。没有最好的组织结构，只有最适合的组织结构。

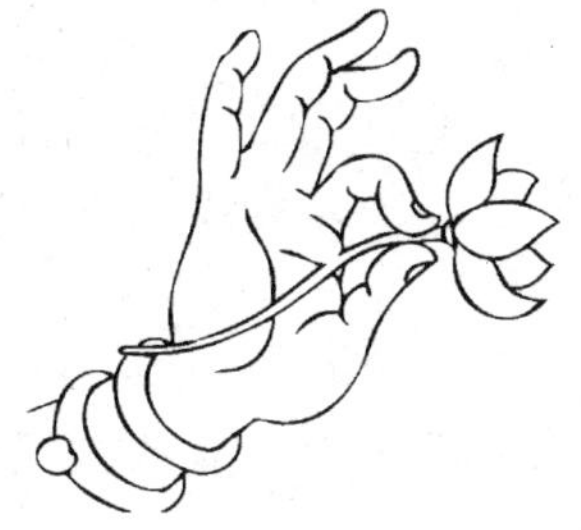

第 22 回

白马寺该兼并白云寺吗？

22.1 自建农场还是采购外包?

自从唐僧坐镇白马寺之后，白马寺的发展可谓一马平川，业务顺风顺水，规模不断扩大。一则因为唐僧本人形象好，是大唐第一位从西天学成归国的“海归”；二则因为唐僧是唐太宗的“御弟”，能跟皇上称兄道弟，那当地政府肯定是大力支持；三则因为唐僧乃金蝉子转世，前身是如来佛祖的弟子，更因西天取经被封为“旃檀功德佛”，可谓大乘佛法的正宗传人。天时、地利、人和，白马寺三美俱全，想不风光都难啊。

问题是，白马寺香火旺盛，导致人满为患，给后勤接待工作带来了空前的压力。要知道，每天在白马寺吃饭用斋的僧人和香客有上千人，每天要消耗大米几千斤，蔬菜几百担。后勤部的僧人每天在各大菜市场东奔西跑，赶上朝拜高峰的日子，发现不是大米不够，就是辣椒不足，或者萝卜短缺，有时不得已将小贩的菜叶子和烂菜帮子一扫而空，带回来做成大锅的疙瘩汤。要是碰到朝拜的淡季，买回来的蔬菜和水果又吃不掉，保鲜措施也跟不上，扔了又特别可惜。为此，负责后勤部的“典座”（相当于后勤部长）多次向唐僧汇报，要求白马寺买一块良田，建一个农场，由僧人轮流劳作，种上四季蔬菜，再养一些鸡鸭牛羊，既能积肥，又能出售换钱，这正是很多年以后流行的“绿色有机农场”。

唐僧听了典座的汇报，没有马上表态。他深知，作为领导，一定要听取多方面意见，而不能偏听偏信，否则很容易被掌握信息优势的下属所误导甚至欺骗。然后，他找来主管后勤工作的“监院”（相当于副住持）询问僧人和香客的接待与后勤保障工作。监院认为，目前食物采购压力的确较大，而且存在不确定性。香客很多时，白马寺从市场上采购的蔬菜供不应求，香客很少时又导致浪费，因为香客的人数事前难以预计，而采购却必须提前安排。唐僧心想，这个情况和典座说的差不多，看来食物采购的确存在较大压力，必须着力解决。于是，他接着问监院：“那依你之见，如何解决这个食物采购问题呢?”监

院回答："弟子建议，既然香客人数难以预测，所需食物多少难定，我们不妨确定几个规模较大的菜园子，实行定点采购，等于将白马寺的食品供应外包给这几个大的菜园子。多要多买，少要少买，既能稳定供应，又能避免浪费，还不用增加库存成本。"唐僧本来认为，典座的自建农场建议颇有几分道理，但听了监院的话，又觉得采购外包才是上策。

白马寺究竟是自建农场，还是采购外包？典座和监院各执一词，让唐僧一时难以决断。于是，他决定召集白马寺高层管理团队——八大执事——到议事堂开会。这八大执事是：监院（副主持，主管后勤）、知客（信众部负责人）、僧值（进修部负责人）、维那（保卫处负责人）、典座（后勤部负责人）、寮元（外联部负责人）、衣钵（办公室主任）及书记（会计）。

22.2　要不要兼并白云寺？

让唐僧没想到的是，白马寺信众部负责人知客既不同意自建农场，也不同意采购外包，而是提出了第三种主张——兼并白云寺！知客认为，隔壁的白云寺历史比白马寺稍短，虽然名气不如白马寺，香客不算多，但是白云寺这些年搞差异化竞争，在服务香客信众方面狠下功夫，效果也不错。为了留住香客，白云寺专门修建了一座五星级的饭店，还建造了一个 100 亩的农场。更绝的是，白云寺鼓励住店的客人亲身参加农场劳动，自己采摘水果和蔬菜，然后由本院大厨作出一流的素斋，再卖给客人，价格比直接吃素斋还贵。奇怪的是，客人对这种"体验式农家乐"非常买账，赞不绝口，留住了很多回头客。而且，越是有钱人越是喜欢这种高端餐饮模式，好像他们一辈子没干过农活似的！白马寺名气大，香火旺，客源多，但后勤保障跟不上，而白云寺名气小，香客少，但后勤保障业务是一流。因此，白马寺应该兼并白云寺，这样就实现了优势互补、强强联合。

知客刚说完，监院就反对："我觉得应该将采购业务外包。外包之后，白马寺不必参与管理，实现了零库存成本，也不必担心需求变动带来的市场风险，这才是上策。兼并收购成本很高，涉及两个寺庙的机构重组、流程再造和文化冲突等复杂的问题，乃是下策。”典座也跟着提出异议：“监院对收购带来的麻烦和成本可谓一针见血，我非常赞同。但既然白云寺可以搞‘体验式农家乐’挣大钱，为什么我们白马寺不自己建一个生态农庄，也搞农家乐呢？自建农场可以让本寺僧人和香客参与劳动，不仅节约了生产成本，而且可以确保蔬菜品质。因此，我认为自建农场更合适。”典座说话四平八稳，看上去既拥护了监院的观点，实际上又抛出了自己的主见。唐僧听了一番，觉得监院、典座和知客从各自部门的角度看问题，提出了三种方案，都有一定道理，但可能都有一定的部门利益色彩。他觉得应该问一问利益中立的其他人，于是把目光转向衣钵。衣钵发现唐僧正望着他，于是他不疾不徐地开口了：“自建农场、采购外包、兼并收购，都是解决白马寺后勤供给不足的有效渠道。我对具体业务不熟，不方便作出判断。不过，我关心的现实问题是，白云寺历史不算短，规模也较大，如果一旦和白马寺合并，新寺庙叫什么名字呢？既不能丢失品牌，又要让双方都能接受，这是一个难题。另一个难题是，谁来当新寺庙的方丈呢？让白马寺的人当，白云寺不同意；让白云寺的人当，白马寺又不会同意。”衣钵不愧是搞行政的，一眼就看到了两寺合并带来的权力分配难题。唐僧知道，对于这个敏感问题，下级不便发表意见，于是他主动发表意见：“如果白马寺和白云寺合并是一件好事，我看新寺庙仍然叫白马寺，毕竟白马寺历史更悠久，不能因为合并而损失品牌效应。至于白云寺嘛，我看可以暂时保留原来的名字，同时加挂一个牌子，叫白马寺分院，过几年再去掉白云寺的牌子。新寺庙成立后，我请西天灵山总部派一个大和尚来担任方丈，掌管日常事务，我就改任寺庙管理委员会主任，做个顾问。”唐僧说完，大家纷纷称道“善哉”。

 22.3 企业的边界在哪里?

但问题还是没有解决，为了解决后勤供应问题，白马寺究竟应该自建农

场、采购外包还是兼并收购呢？取经封佛之后，唐僧曾在西天进修了几年，然后回到白马寺坐镇。如果从西天取经那年算起，唐僧作为取经团队的领导从事管理工作也有快二十年了。这二十年，唐僧边干边学，领导水平和管理水平日益提高，可谓“日拱一卒，功不唐捐”。不过，这一次既不是下属的考核问题，也不是内部的权力配置问题，而是企业与企业、企业与市场之间的外部治理问题，唐僧现在是“老革命遇到了新问题”。他决定再次延请 RUC 弗雷德管理咨询公司首席顾问牛博士出马，帮助他廓清迷雾，解决难题。

牛博士仔细聆听了唐僧的情况介绍，将唐僧面临的难题概括为“三种选择，两类问题，一个本质”。表面上看，这只是一个如何解决白马寺后勤供应的具体问题，实际上这个问题触及了所有企业乃至所有组织面临的根本问题之一。听到这里，唐僧顿时兴趣盎然：“愿闻其详。”牛博士分析，自建农场和采购外包这两种选择反映的问题是，为了扩大业务，一个企业应该“自制还是购买”（make-or-buy），“自制”意味着企业自己生产，“购买”意味着企业从市场上采购。而兼并收购涉及的问题是，为了扩大业务，企业应该选择“一体化”（integration）还是“非一体化”（non-integration），“一体化”意味着两个企业合并为一个企业，“非一体化”意味着两个企业保持普通的市场关系。不管是自制还是购买，一体化或非一体化，本质上都是企业的边界问题。如果一个企业自己制造某种产品或服务，或者将两个企业合并为一个企业，那么就意味着企业的边界扩大了；如果将某种产品或服务外包出去，那么就意味着企业的边界缩小了，或者说市场的边界相应地扩大了。作为一个企业家，必须清楚企业的边界在哪里；作为一个领导者，必须清楚组织的边界在哪里。无论是企业还是其他组织，组织的边界既不是越大越好，也不是越小越好，而必须找到最优边界。

企业的最优边界？听上去这类问题显得“高端、大气、上档次”，唐僧觉得作为一个单位的最高领导，就应该思考这类抽象的原则问题。于是，他追问：“那么，究竟怎样才能确定企业的最优边界呢？”牛博士喝了口水，继续解释。一种产品（如蔬菜）或服务（如水陆法会）究竟应该“自制”还是“购买”，取决于这种产品在市场上的“交易费用”。所谓交易费用（transaction cost），就是到市场上去搜寻信息、寻找买家、讨价还价以及事后执行合同所带来的一系列费用。过去经济学家假设市场能够自动运行，不要成本，这是错误的，否则大家都直接到市场上去买东西，那企业就没必要存在了。不仅市场的运行有交易费用，任何制度乃至国家的运行都有交易费用。诺贝尔经济学奖得主科斯（Ronald Coase）最早提出了交易费用这个概念（Coase，1937），并且从交易费用的角度出发，分析了企业的本质和最优边界，开创了企业理论和制度经济学。① 相应地，企业如果自己生产一种产品，也会有人员调配、品质控制、信息沟通、官僚主义等方面导致的费用，不妨将这类费用称为管理费用。从理论上讲，如果市场购买带来的外部交易费用低于企业自制带来的内部管理费用，企业就应该从市场上购买这种产品。在均衡点上，当自制的管理费用和购买的交易费用相等时，企业的最优边界就确定了。

然后，牛博士又分析了“一体化”和“非一体化”的问题。他首先提醒唐僧，现在很多企业一看市场行情不错，就开始盲目扩张，搞兼并收购，搞多元化经营，潜在风险很大。其实，从国际经验来看，一项并购从锁定目标到交易成功，成功率大约是50%；从交易成功到整合顺利完成，成功率也是50%。也就是说，一项并购交易从开始到最终完成，成功率只有25%，失败率是75%！为什么有这么高的失败率？因为多数企业只关注到了并购的好处，而忽略了或者低估了并购的成本。两个企业合并为一个企业，好处是增强了两个企业之间的协调能力，能够获得规模经济以及范围经济，这点毋庸置疑。但是，最新的研究从行为经济学角度出发，认为一体化之后，被兼并企业的管理者往往激励减弱，他们会以各种方式抵制并购，带来各种看不见的隐性成本。例如，两个企业一体化之后，只能由一个人来当新企业的最高领导，被兼并企业的领导人通常就“下岗”了，失去了权力以及权力带来的各种隐性福利，包括在职消费、安排“关系户”和一些灰色收入等等，甚至还包括权力本身带来的

① 实际上，科斯在21岁时就完成了这篇文章，奠定了诺贝尔经济学奖的工作基础。真是“自古英雄出少年”啊！

直接效用。不仅如此，原来跟从紧密的下属也会因为领导变更而失去一些既得利益。在这种情况下，被兼并企业的管理层很可能会表面上赞同并购，但是暗地里拖延甚至拒绝并购协议的执行，在并购后以磨洋工、不作为等消极态度来明哲保身。如果并购后由第三方担任新企业的领导人，他将只看重并购的协调收益，而不会将双方公司管理层的个人利益以及部门利益的心理损失和物质损失考虑在内，因此会导致过度并购（Hart and Holmstrom，2010）。

听到这里，唐僧若有所悟。他欣喜地对牛博士说："我懂了！其实，经济学的核心是成本—收益分析。如果一件事情的收益超过成本，就干；如果收益少于成本，就不干。就是这么简单，对吧？"

"对，但是也不对。"

"出家人不打诳语。如果自建农场的成本超过了采购外包，就实行采购；如果白马寺和白云寺合并的成本超过了合并的收益，就不合并。我说错了吗？"

"大师没有说错。经济学难的不是比较成本和收益，这个小孩子都会算，难的是知道成本和收益由哪些因素决定。比如，蔬菜定点采购的成本都包括哪些？哪些是主要因素？哪些是次要因素？不同时期不同地点，这些因素又是如何影响采购成本的？还有，采购成本本身会不会反过来影响这些因素？另外，如何才能通过改变制度环境来改变这些成本因素？等等。这些问题，你都清楚了吗？"

"惭愧！如此说来，经济学看上去是一门直观的学问，其实是一门高深的学问，而且要跟管理实践结合起来就更难了。"

"的确如此。经济学告诉你是什么和为什么，管理学告诉你怎么办。经济学更像是科学，可以按部就班去学习；管理学更像是艺术，必须通过实践去体悟。而优秀的管理者，杰出的领导人，就是要擅长将科学和艺术巧妙地结合在一起。"

本节实用管理法则

法则 1：企业究竟应该自己制造一种产品（或服务），还是应该从市场上购买，取决于企业内部的管理费用和市场上的交易费用之间的比较。如果交易费用高于管理费用，那么企业应该自制，反之则应该购买。

法则2：两个企业合并，好处是增强了协调能力，坏处是减弱了被兼并企业的激励。因此，如果协调能力增强带来的好处少于激励减弱带来的成本，两个企业就不应该合并，而应该保持非一体化的状态。

法则3：经济学的精髓是成本—收益分析，但关键是确定影响成本或收益的因素有哪些。经济学主要解决是什么和为什么的问题，偏重科学的成分；管理学主要解决怎么办的问题，偏重艺术的成分。好的管理者或领导人善于将科学与艺术完美结合。

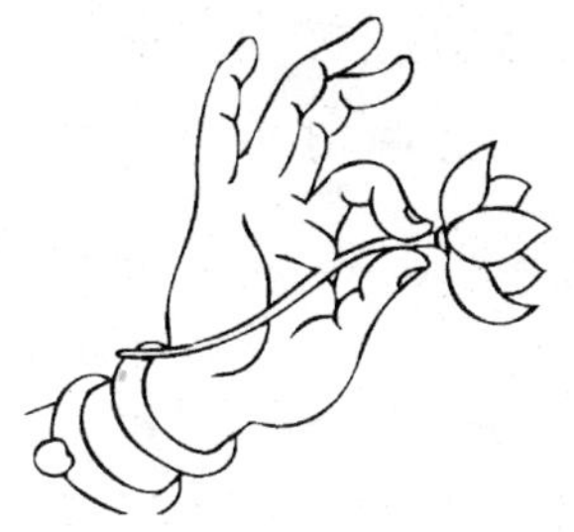

参考文献

Aghion, Philippe, and Patrick Bolton, 1992, "An Incomplete Contracts Approach to Financial Contracting", *Review of Economic Studies*, 59 (3): 473-494.

Aghion, Philippe, and Jean Tirole, 1997, "Formal and Real Authority in Organizations", *Journal of Political Economy*, 105: 1-29.

Baker, G., R. Gibbons, and K. J. Murphy, 1994, "Subjective Performance Measures in Optimal Incentive Contracts", *Quarterly Journal of Economics*, 109 (4): 1125-1156.

Benabou, Roland, and Jean Tirole, 2003, "Intrinsic and Extrinsic Motivation", *Review of Economic Studies*, 70 (3): 489-520.

Bercea, Brighita, Robert Ekelund, and Robert Tollison, 2005, "Cathedral Building as an Entry-deterring Device", *Kyklos*, 58 (4): 453-465.

Bernheim, Douglas, and Michael Whinston, 1986, "Common Agency", *Econometrica*, 54: 923-942.

Coase, Ronald, 1937, "The Nature of the Firm", *Economica*, 4 (16): 386-405.

Egorov, Georgy, and Konstantin Sonin, 2011, "Dictators and Their Viziers: Endogenizing the Loyalty-Competence Trade-off", *Journal of the European Economic Association*, 9 (5): 903-930.

Fairburn, James, and James Malcomson, 2001, "Performance, Promotion, and the Peter Principle", *Review of Economic Studies*, 68 (1): 45-66.

Fisman, Raymond, 2001, "Estimating the Value of Political Connections", *American Economic Review*, 91 (4): 1095-1102.

Hart, Oliver, 1995, *Firm, Contract and Financial Structure*, New York: Oxford University Press.

Hart, Oliver, and Bengt Holmstrom, 2010, "A Theory of Firm Scope", *Quarterly Journal of Economics*, 125 (2): 483-513.

Holmstrom, Bengt, and Paul Milgrom, 1991, "Multi-task Principal-Agent Analyses: Incentive Contracts, Asset Ownership and Job Design", *Journal of Law, Economics and Organization*, 7: 24-52.

Ishiguro, Shingo, 2004, "Collusion and Discrimination in Organizations", *Journal of Economic Theory*, 116 (2): 357-369.

Maskin, Eric, Yingyi Qian, Chenggang Xu, 2000, "Incentives, Information, and Organizational Form", *Review of Economic Studies*, 67 (2): 359-378.

Milgrom, P., 1988, "Employment Contracts, Influence Activities and Efficient Organization Design", *Journal of Political Economy*, 96: 42-60.

Nye, Joseph, 2007, "Smart Power", *The Huffington Post*, November 29.

Prendergast, Canice, 1993, "A Theory of 'Yes Men'", *American Economic Review*, 83: 757-70.

Spence, Michael, 1977, "Entry, Capacity, Investment and Oligopolistic Pricing", *The Bell Journal of Economics*, 8 (2): 534-544.

Svolik, Milan, 2012, *The Politics of Authoritarian Rule*, New York: Cambridge University Press.

W·钱·金,勒妮·莫博涅. 蓝海战略. 吉宓译. 北京：商务印书馆，2005.

杰克·韦尔奇，约翰·拜恩. 杰克·韦尔奇自传. 曹彦博等译. 北京：中信出版社，2001.

聂辉华. 如何避免对下属赏无可赏?. 经济学家茶座. 2008，总第 37 辑.

聂辉华. 西天取经的履约机制. 经济学家茶座. 2012，总第 56 辑.

聂辉华. 唐僧为什么不授权给孙悟空?. 经济学家茶座. 2012，总第 57 辑.

聂辉华. 如何管理猪八戒这样的马屁精?. 经济学家茶座. 2012，总第 58 辑.

聂辉华，党力. 海底捞：管理者的迷失和难以复制的神话. 经济学家茶座. 2013，总第 61 辑.

司马光. 资治通鉴. 北京：中华书局，2007.

吴承恩. 西游记. 古众校点. 济南：齐鲁书社，2007.

西坡拉·纳奥米. 比尔·盖茨的遗产. 苏州：古吴轩出版社，2011.

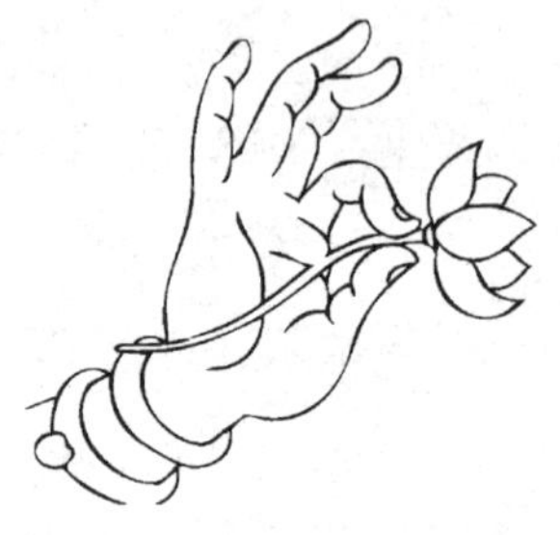

后　记

一本好书从创造到出版，其实也是一个艰苦创业的过程。从大学二年级到现在，我总共发表了大约两百篇文章，出版了五六本著作。本书虽然是一本大众畅销书，却是我花费心血最多、期望最高的作品。我所研究的主要领域之一是企业理论，它是从经济学和管理学角度研究企业家精神、团队生产、绩效考核和兼并收购等企业治理问题的经济学分支。在这个领域，我研读了几百篇英文论文。这些发表在国际顶级学术期刊上的论文，针对企业治理的难题提供了精彩绝伦的机制设计，或者利用“大数据”进行了严谨的回归分析，从而提供了非常有趣或者重要的洞见。例如，围绕“所罗门国王和真假母亲”的经典寓言，经济学家们设计了各种精巧的机制，以便诱使真假母亲说出真话，从而为管理者解决信息不对称问题提供了一个思路。我认为，最好的论文要满足两个标准：第一是“意料之外”，乍看上去是一种惊喜，违背“常识”；第二是“情理之中”，等作者把道理一讲，读者就觉得豁然开朗，原来是这样！幸运的是，我所研究的企业理论领域，就有好多这样的好论文。

好东西不能独享。我就想，有没有一种办法，可以将处于世界前沿的、艰深晦涩的、满篇数学符号的英文论文，以一种通俗易懂、深入浅出的方式讲述给普通读者听，并且这些论文的观点要能够串联成一个逻辑自洽、符合中国文化传统的创业和管理故事？我突然意识到这是一个光荣的使命！在酝酿了一年之后，2012 年我以中国古代四大名著之一《西游记》为蓝本，“旧瓶装新酒”，在著名的经济学普及刊物《经济学家茶座》上连续发表了《西天取经的履约机制》、《唐僧为什么不授权给孙悟空?》、《如何管理猪八戒这样的马屁精?》三篇文章，作为《跟〈西游记〉学创业》的系列篇章。

上述文章发表之后，反响非常之好！国内一个著名经管出版社的策划编辑小Y眼光独到，在第一篇《跟〈西游记〉学创业》发表之后，就找到我，说要整理成书出版。我也确有此意，于是小Y和我一起讨论了全书的框架。2013年，我破格成为中国人民大学当时最年轻的正教授，然后小Y和我正式签署了出版合同。2014年，我遭遇了一些不幸的事情，但我终于克服重重困难，完成了书稿。之后，我在一个深山寺庙里住了几天，聆听着晨钟暮鼓，感受着佛教庄严，品茗着明前绿茶，修改着《跟〈西游记〉学创业》，仿佛身处神话与现实交织的二次元世界。不过读者放心，就算身处菩提之下，心向明镜之台，我也顿悟不了，毕竟尘缘未了，牵挂太多！

2014年年底，一切就绪。然而编辑小Y已经因为个人原因辞职，此书的出版则因为种种原因而被迫中止。经过一番波折，幸赖中国人民大学出版社编辑高晓斐老师慧眼识珠，于是本书得以面世，我的第一本经管畅销书算是“创业”初步成功了！

我要首先感谢我的妻子，多年来她一直默默地支持我的事业和理想，并且作为本书的第一个读者、校者和评者，为本书直接贡献了价值。感谢中国人民大学出版社经济分社社长刘晶女士、策划编辑高晓斐、责任编辑潘蔚琳以及周华娟，为了本书的内容修改和市场推广，他们多次和我专门进行“头脑风暴”。感谢《经济学家茶座》的执行主编詹小洪老师，多年来他一直鼓励和支持我“右手写经济学论文，左手写经济学散文”。

希望本书能够为创业者、管理者或领导者带来一些启迪和洞见，则夙愿足矣。

聂辉华

2015年5月15日

于中国人民大学国学馆

图书在版编目（CIP）数据

跟《西游记》学创业：一本人人都要读的管理秘籍/聂辉华著. —北京：中国人民大学出版社，2015.9

ISBN 978-7-300-21673-7

Ⅰ.①跟… Ⅱ.①聂… Ⅲ.①企业管理-通俗读物 Ⅳ.①F270-49

中国版本图书馆 CIP 数据核字（2015）第 163242 号

跟《西游记》学创业：一本人人都要读的管理秘籍

聂辉华　著

Gen Xiyouji Xue Chuangye

出版发行	中国人民大学出版社		
社　　址	北京中关村大街 31 号	**邮政编码**	100080
电　　话	010－62511242（总编室）		010－62511770（质管部）
	010－82501766（邮购部）		010－62514148（门市部）
	010－62515195（发行公司）		010－62515275（盗版举报）
网　　址	http://www.crup.com.cn		
经　　销	新华书店		
印　　刷	天津中印联印务有限公司		
开　　本	720 mm×1000 mm　1/16	**版　　次**	2015 年 9 月第 1 版
印　　张	13.5 插页 1	**印　　次**	2024 年 6 月第 5 次印刷
字　　数	184 000	**定　　价**	66.00 元